O Mistério do Cooperativismo

O Mistério do Cooperativismo
DA COOPERAÇÃO AO MOVIMENTO COOPERATIVO

2013

Rui Namorado
Professor da Faculdade de Economia da Universidade de Coimbra

O MISTÉRIO DO COOPERATIVISMO
AUTOR
Rui Namorado
EDITOR
EDIÇÕES ALMEDINA, S.A.
Rua Fernandes Tomás nºs 76, 78, 80
3000-167 Coimbra
Tel.: 239 851 904 · Fax: 239 851 901
www.almedina.net · editora@almedina.net
DESIGN DE CAPA
FBA.
PRÉ-IMPRESSÃO
EDIÇÕES ALMEDINA, S.A.
IMPRESSÃO E ACABAMENTO
PENTAEDRO, LDA.

Julho, 2013
DEPÓSITO LEGAL
361842/13

Apesar do cuidado e rigor colocados na elaboração da presente obra, devem os diplomas legais dela constantes ser sempre objecto de confirmação com as publicações oficiais.
Toda a reprodução desta obra, por fotocópia ou outro qualquer processo, sem prévia autorização escrita do Editor, é ilícita e passível de procedimento judicial contra o infractor.

 | GRUPO**ALMEDINA**

BIBLIOTECA NACIONAL DE PORTUGAL – CATALOGAÇÃO NA PUBLICAÇÃO
NAMORADO, Rui
O mistério do cooperativismo: da cooperação
ao movimento cooperativo. – (Horizontes solidários)
ISBN 978-972-40-5045-4
CDU 316
     330
     32

APRESENTAÇÃO

O fenómeno cooperativo envolve, no plano mundial, cerca de um bilião de cooperadores, estando disseminado por todos os continentes. Afirma-se nos mais diversos sectores da atividade económica. O movimento que lhe corresponde assumiu uma dinâmica irreversível em meados do século XIX. A organização mundial que o representa, a ACI (Aliança Cooperativa Internacional) foi fundada em 1895. O seu princípio ativo mais relevante é a cooperação, que é uma atitude colaborativa livre que desde sempre integra o tecido conjuntivo das sociedades humanas. Não estamos, por isso, perante a materialização de uma ideia conjuntural e perecível, perante um fogo-fátuo social que o tempo celeremente possa apagar. Estamos perante organizações radicadas num dos vetores estruturantes da própria vida em sociedade, perante um movimento social projetado no logo prazo, cujas principais virtualidades de irradiação estão ainda adormecidas.

Mas nem o movimento cooperativo é uma realidade isolada, nem as suas organizações se inibem de se relacionarem com entidades socioeconómicas afins. De facto, o movimento cooperativo moderno emergiu no seio do movimento operário, convivendo e interagindo com as suas outras componentes; e, cada vez mais, as cooperativas se reconhecem como elementos integrantes da economia social. Pode mesmo dizer-se que a constelação cooperativa é uma parte nuclear da grande galáxia da economia social. E se esta pertença comum não apaga a identidade específica de cada constelação, ela não deixa de se traduzir numa teia de influências comuns que abrem a porta a um leque diversificado de sinergias.

E assim se compreende que, se é certo que este trabalho se ocupa da dilucidação do código genético do cooperativismo, procurando compreender o seu mistério, não é menos certo que no seu percurso se encontram factos, ideias e reflexões que podem ser úteis na compreensão das outras constelações da economia social. Por outro lado, estando nós perante um fenómeno subalterno no contexto capitalista, expressão de uma lógica própria que acrescenta à subalternidade a resistência, é mais realista encararmos o cooperativismo, tal como a economia social no seu todo, como sementes de futuro do que como resíduos do passado. Deste modo, quando nos interrogamos sobre os mistérios que rodeiam o código genético do cooperativismo, estamos também necessariamente a analisar algumas das raízes do nosso futuro, ou do que é possível e desejável que venha a ser o nosso futuro.

Capítulo 1
Introdução

Há um mistério intrínseco no cooperativismo, insuscetível de ser desvendado pela simples descrição dos fenómenos que socialmente o traduzem ou pela simples delimitação do seu âmbito. É, na verdade, necessário ir mais longe, para ser possível esclarecer realmente as principais questões e problemas que nesta área se colocam. E, não sendo uma ambição realista procurar-se exaustivamente todas as respostas, assinale-se, pelo menos, com nitidez a complexidade do que está em causa. Para isso, não se pode deixar de analisar o sentido do movimento cooperativo, o que implica necessariamente encará-lo como um afloramento moderno da cooperação, enraizado num movimento social mais amplo, o movimento operário.

Importa pois começar por compreender como se passou da prática dos atos sociais de cooperar, dispersos e heterogéneos, para o movimento cooperativo. Para isso, comece por se reconhecer a evidência histórica de que as organizações cooperativas iniciaram a sua disseminação numa época relativamente recente. É claro que o carácter ostensivo desta evidência não dispensa uma interrogação mais funda sobre o que é o movimento cooperativo, mas é um bom ponto de partida. E, antes disso, não se pode pesquisar esse movimento sem se reflectir sobre o que é a cooperação.

Foi ainda na primeira metade do século XIX[1] que se difundiu uma dinâmica social traduzida no facto de a cooperação entre os homens,

---

[1] A fundação da célebre cooperativa de Rochdale, em 1844, é muitas vezes apresentada como ponto de referência da cooperação moderna. Mas deve recordar-se que tal não sig-

própria da vida em sociedade, se ter cristalizado em organizações formais que o direito acolheu, outorgando-lhes personalidade jurídica. Já antes, tal como continuaria a ocorrer depois[2], existiam entidades reconhecidas pelo direito no âmbito das quais se cooperava. No entanto, o que agora havia de novo era a centralidade da cooperação na génese e na vida dessas organizações.

Temos pela frente um objeto instável e fluido, muito marcado pelo devir social, integrado por uma grande variedade de tipos, dotado de uma estrutura contraditória tecida por tensões permanentes. Vários fatores contribuem para essa complexidade, como, por exemplo, o facto de o movimento cooperativo ter resultado de uma mutação no modo e no grau de os homens cooperarem entre si, ao mesmo tempo que é uma das componentes do movimento operário. Pode dizer-se que ele é a tradução recente de um fenómeno antigo, o que, não lhe retirando um apreciável grau de novidade no plano histórico, impede que ele seja encarado, como algo de episódico ou de circunstancial.

A sua inserção no movimento operário não é, ela própria, linear e está muito longe de ser uma evidência estável. Tem de incorporar o facto de o movimento cooperativo ter envolvido sectores sociais não-operários. Na verdade, é conhecida a presença das cooperativas no sector agrícola e são vários os ramos usados pela pequena-burguesia. Há mesmo cooperativas que substancialmente são cooperativas de empresários.

Por isso mesmo, pode ser indispensável, para compreender plenamente a constelação cooperativa,[3] valorizar-se a sua qualidade de com-

---

nifica que antes não tenha havido iniciativas idênticas. Foram mais frequentes já no decurso do século XIX, mas algumas surgiram antes, como foi o caso das cooperativas de Woolwich e Chatham, criadas em Inglaterra, por volta de 1760 (cf. VERDIER, 1973: 8).
[2] Quando se referem essas entidades está, não só a pensar-se nas que traduziram afloramentos de um princípio de cooperação socialmente latente, mas também em todos as formas associativas e até societárias. Não é o acto de cooperar que é novo e específico, mas o seu lugar nas organizações, o papel desempenhado na sua génese, na sua vida e na sua estrutura.
[3] A metáfora da "constelação" parece-me apropriada e sugestiva para descrever o fenómeno cooperativo na sua dinâmica; e conjuga-se bem com a metáfora da "galáxia" para

ponente do movimento operário, encarando-a, desse modo, como resistência à lógica capitalista. É preciso identificar a cooperação nas suas raízes mais fundas, bem como percorrer o trajeto do movimento cooperativo, à luz das suas relações com as outras vertentes do movimento operário. Não se quer, na verdade, olhar para o fenómeno cooperativo como um momento sem passado, nem como soma inorgânica de instituições alheadas umas das outras e mergulhadas na indiferença pelo seu próprio futuro.

Deve olhar-se para o movimento cooperativo como um conjunto de entidades, cuja heterogeneidade não impede a globalidade de uma dinâmica projetada no tempo. Situar o movimento cooperativo no movimento operário, é o momento decisivo desse olhar crítico que tem de apreender a complexidade dessa integração. Complexidade agravada pelo facto de se ter de conjugar a inserção do movimento cooperativo nos dois planos.

E não se pode percorrer o sistema de relações entre os movimentos em causa sem ter presente a evolução do capitalismo e a conflitualidade gerada no seu interior, traduzida, nomeadamente, pela crítica socialista. Quer o movimento cooperativo, quer o movimento operário, emergiram com o capitalismo, como realidades subalternas, mas potencialmente resistentes. Paralelamente, a dinâmica cooperativa teve desde sempre uma relação íntima com a luta socialista, nela se integrando, ou perante ela se assumindo, como estratégia concorrencial ou alternativa[4], ainda que objectivamente aliada.

Tudo isso suscita naturalmente algumas questões. Será o movimento cooperativo, um meio de proteção para os mais atingidos pelo capitalismo, para os que se confrontaram com as suas arestas mais cortantes, mas que se conformam afinal com a sua existência? Ou, exatamente

---

referir a economia social no seu todo, no âmbito da qual a "constelação cooperativa" se afirmaria como uma das suas partes.

[4] Como se verá adiante, as relações entre o socialismo e o cooperativismo podem ser traduzidas em três perspetivas. Pode ver-se a ação cooperativa como parcela de uma mais vasta expressão socialista; pode falar-se de um socialismo cooperativo distinto de outros; pode ver-se na cooperação a alternativa ao socialismo (cf. TORRES Y TORRES LARA, 1983ª: 119 e ss; DESROCHE, 1976: 88 e ss).

por isso, será uma peça importante da própria engrenagem capitalista através da sua complementaridade relativamente às áreas típicas e propulsoras do capitalismo, como elemento de atenuação de conflitos? Ou, pelo contrário, será um sistema de resistência que incorpora uma lógica diferente da que rege o capitalismo, sendo assim um elemento de conflitualidade presente no seu interior? Será, nesta perspetiva, um alfobre de futuros sobressaltos, ou um ilusório reduto de um futuro que se revelou impossível? Ou será que tal como a sua subalternidade o coloca objectivamente numa posição de resistência, a prática dessa resistência pode potenciar a sua alternatividade, em face do capitalismo? E sendo assim será que o horizonte cooperativo se pode encarar como um dos possíveis rostos do pós-capitalismo? O cooperativismo é um momento do processo de instauração do socialismo ou um prenúncio da sua superação[5]? Isto é, o horizonte cooperativo é o pós-capitalismo de hoje, tal como o horizonte socialista terá sido um pós-capitalismo de ontem? Ou, colocando de outro modo questões anteriores, será que uma das características do pós-capitalismo de hoje é a forte tonalidade cooperativa do horizonte socialista que se oferece para o preencher?[6]

Socialismo e cooperativismo têm as suas raízes nos trabalhadores, que desde a alvorada do século XIX sofreram o vendaval do capitalismo. Na verdade, da miséria suscitada no seio das massas operárias pela revolução industrial e pelo capitalismo, emergem as utopias e a resistência, conjugadas na vontade de caminhar para um mundo diferente, mais justo e suportável para os trabalhadores.

---

[5] Se o socialismo fosse concebido como um coletivismo de Estado, sem dúvida que dificilmente se poderia ver na ação cooperativa um momento no caminho para esse desenlace. Mais fácil seria ver nela, na verdade, a abertura para outros horizontes.
No entanto, se o socialismo se entender como sinónimo de uma democracia cada vez mais plena, de uma justiça social, cada vez mais autêntica, de modo a construir uma liberdade concreta em permanente expansão e a limitar o poder do Estado, já o cooperativismo se poderá encarar como parte desse processo.
[6] Se valorizarmos a pertença das cooperativas à galáxia da economia social, talvez se possa dar a esta um relevo maior do que aquele que se atribuiu ao cooperativismo na sua dialética com um possível horizonte socialista.

Na Revolução Francesa, consuma-se a lógica da burguesia na sua plenitude, mas germina também desde logo a revolta operária. As escolas doutrinárias socialistas multiplicam-se na Europa. O internacionalismo operário e socialista desponta. O rigor e a capacidade sistematizadora de Marx, bem como a centralidade que outorga à ligação entre a produção teórica e os movimentos sociais, instituem um quadro novo para o pensamento socialista. A dinâmica sindical conquista um espaço cada vez mais autónomo no movimento operário, a prática cooperativa ensaia os primeiros passos, o poder político perfila-se como objetivo das lutas dos trabalhadores[7]. Tudo isto deixará as suas marcas no mais fundo da identidade cooperativa, em termos nem sempre imediatamente legíveis, é certo, enquanto a cooperação se irá projetar no conjunto do movimento operário.

Não se pretende explorar, até aos seus detalhes mais ínfimos e em toda a sua extensão, esta problemática, mas os seus aspetos nucleares têm de ficar suficientemente visíveis para que a complexidade do fenómeno cooperativo adquira incontornável evidência. E esta evidência há de ser acompanhada pela dos vetores principais[8] do fenómeno em causa. Só assim, insista-se, poderá ser evitada qualquer tentação de equacionar com excessiva linearidade toda a problemática das cooperativas. O simplismo pode dar a ilusão de clareza, mas os edifícios conceituais, que sobre ele se construam, correm o risco de se desmoronar com o impacto da primeira dificuldade inesperada[9].

---

[7] O grande impacto histórico que teve o *Manifesto do Partido Comunista* de Marx e Engels, terá sido, porventura, o de apresentar como nuclear a questão do poder político e de preconizar a sua conquista pela classe operária.

[8] A importância atribuída ao objetivo de evidenciar a complexidade do fenómeno cooperativo torna natural dar-se mais relevo ao levantar de questões do que à obtenção de respostas; o que é tanto mais importante, quanto o quotidiano cooperativo atual se desenrola alheado dessa evidência.

[9] Muitos dos fracassos ocorridos nos processos de modernização empresarial das cooperativas, radicam-se na desvalorização do que nelas é específico. Paralelamente, qualquer estratégia de ativação de uma associatividade, que leve a diluí-las no conjunto das associações, corre o risco de se revelar como inadequada.

É pois isto que se impõe, como condição necessária para se compreender, efetivamente, o fenómeno cooperativo na sua globalidade, em toda a sua amplitude e profundidade. Na verdade, o terreno social das cooperativas é extremamente rico, dotado de uma complexa historicidade e mundialmente disseminado. E é esta realidade sincronicamente tão diversificada e diacronicamente tão mutável que não pode ser truncada ao analisar-se.[10]

Vai pois estudar-se o significado da cooperação em si própria, para se percorrer depois a complexa teia do movimento cooperativo.

---

[10] Como juscooperativista, sou particularmente sensível à dimensão jurídica da problemática cooperativa. E, neste plano, há que salientar que o contexto social das normas jurídicas que regem a vida das cooperativas é muito diversificado, dotado de uma complexa historicidade e tão amplo quanto o mundo. Uma realidade sincronicamente tão rica e diacronicamente tão variável não deve ser truncada, quando houver que projetá-la no mundo do direito, de modo a poder vir a adquirir uma expressão jurídica própria que não constranja a realidade cooperativa nem a diminua. Por isso, o direito cooperativo tem de ser capaz de traduzir, no seu plano específico, toda esta multifacetada parcela do social. É, no caso português, o que julga conseguir quem procura uma autonomia do direito cooperativo sustentada pela Constituição, e por uma qualificação que não dilua a problemática jurídica das cooperativas no direito comercial. Mas é possível que se tenha de chegar ainda mais além, trilhando uma via própria no que concerne ao tipo de resposta jurídica implicado pela realidade cooperativa. Seja como for, esquecer a dimensão jurídica do fenómeno cooperativo é um reducionismo estéril que, no caso português, projeta uma sombra particularmente negativa nas hipóteses de compreensão do fenómeno. Do mesmo modo, olhar para o direito cooperativo numa perspetiva que menospreze a realidade cooperativa subjacente, pode significar, afinal, renunciar a compreendê-lo e desse modo deixar de explorar todas as suas potencialidades.

Capítulo 2
Cooperação – Génese e Desenvolvimento

Cooperação é uma palavra com uma pluralidade de sentidos, em larga medida moldados pelos respetivos contextos.

É como elemento propulsor do fenómeno cooperativo que a cooperação suscita interesse com mais frequência. Justifica-se assim começar por se recorrer a Diva Pinho, cujo *Dicionário de Cooperativismo* é um bom ponto de partida: "Cooperação (do latim "cooperatio", ação de cooperar). Etimologicamente, significa a prestação de auxílio para um fim comum" (1962: 65). A partir desta ideia elementar, a autora, encarando a cooperação de um ponto de vista sociológico, considera-a "uma forma de processo social", uma "ação conjugada em que pessoas se unem de modo mais ou menos organizado para alcançar o mesmo objetivo". Vê nela algo de oposto a concorrência, identificando-a como "um processo social no qual pessoas se entreajudam para alcançar o mesmo objetivo". E as cooperativas surgem "quando a entreajuda é conscientemente organizada segundo estatutos pré-estabelecidos" (ibid.: 66).

Todavia, antes de explorar este aspeto da questão em debate, parece útil refletir sobre a cooperação como um fenómeno de natureza global. Nesse sentido, a proposta de Robert A. Nisbet para uma tipologia da cooperação e o discurso que a sustenta têm um apreciável potencial clarificador. Ele vê na cooperação "um comportamento coletivo ou de colaboração, dirigido a um objetivo no qual há um interesse comum ou a expectativa de uma recompensa" (1972: 384). Lembra que ela pode ser voluntária ou involuntária, direta ou indireta, formal ou informal, sublinhando que implica sempre "uma combinação de esforços para um fim específico". Três óticas se destacam no modo de a encarar: "como norma ética", "como processo social", "como estrutura institucional"[11]. A sua génese não se radica, em exclusivo, na área económica. Tem também raízes religiosas, políticas e culturais. Todavia, o modo como irrompeu o movimento cooperativo moderno, onde se destacaram os aspetos económicos da cooperação, levou a que estes a marcassem com especial intensidade (cf. NISBET, 1972: 385).

Robert Nisbet distingue cinco tipos de cooperação na prática social: o automático, o tradicional, o contratual, o dirigido e o espontâneo[12]. Como categorias, dificilmente serão encontradas em estado puro nas sociedades concretas. É variável a sua importância como vetores da vida das cooperativas, naturalmente mais permeáveis à cooperação contratual, e mesmo à espontânea, e dificilmente abertas à cooperação dirigida. Implícita na ótica de NISBET, está a ideia de que a cooperação não é, afinal, mais do que uma das formas de os homens em sociedade se relacionarem. Aliás, já CARBONNIER fizera notar que: "Analisando a vida social, a sociologia geral distingue aí diversos tipos de relações entre

---

[11] Na verdade, NISBET sublinha a presença da cooperação no cerne das grandes religiões, desde o hinduísmo e do confucionismo até ao cristianismo, como sinal evidente da sua conotação ética. Paralelamente, como estrutura social ela manifesta-se em inúmeras organizações criadas pelos homens para se concertarem na prossecução de objetivos determinados. Aponta exemplos tão diversos como os grupos de caçadores primitivos e a Organização Mundial de Saúde. Como processo, revela-se um importante elemento de mudança, presente quer na evolução das sociedades, quer mesmo no mundo animal e vegetal (1972: 385).

[12] A cooperação *automática*, comum no mundo animal, é fundamentalmente instintiva. No plano social, ela resulta de elementos externos, ambientais, geográficos e traduz-se em comportamentos suscitados por processos não planeados e que podem mesmo passar despercebidos aos participantes (cf. NISBET, 1972: 385). A cooperação *tradicional* radica-se "em normas sociais tradicionais". A cooperação *contratual* traduz um acordo de vontades dos cooperadores. NISBET considera-a muito importante nas sociedades em que hoje se vive e largamente dominante nos ramos mais relevantes do movimento cooperativo. Na cooperação *dirigida* a colaboração das pessoas subordina-se a objetivos que não foram escolhidos por elas. Como mais antigo e mais difundido exemplo, é citada a organização militar. Por último, a cooperação *espontânea* é a que traduz um quotidiano de convivência em que a cooperação é vivida como consequência natural da proximidade e da cordialidade entre as pessoas (cf. ibid.: 386).

indivíduos ou entre grupos: relações de cooperação, de competição e de conflito" (1979: 175). Esta procura do cerne do ato de cooperar e a ideia de o pôr em contraste com a competição e o conflito, podem ajudar a compreender a história das cooperativas e alguns dos seus dilemas contemporâneos, tornando mais nítido o conceito em análise[13].

Rabindranath Tagore, universal na sua sabedoria indiana, concebeu a cooperação com horizontes mais amplos, ao proclamá-la o único meio para arrancar o seu país da miséria e do atraso seculares, dando-lhe uma ressonância verdadeiramente universal. As suas palavras são quase lapidares: "Os oprimidos devem dizer para si próprios: 'É a nossa força dispersa pelos poderosos que é a origem da sua força. Atacando essa força, podemos quebrá-la, mas não podemos reconstrui-la e ser-nos-á inútil. Consequentemente, é preciso procurar unir toda a nossa força de trabalho e conseguir assim as vantagens económicas que todos poderão partilhar'. Eis o princípio da cooperação. Foi este princípio que desenvolveu a sabedoria do homem e deu uma base moral à sua condução dos negócios. Onde está ausente este princípio encontra-se o sofrimento, a maldade, a falsidade, a barbárie e a luta" (1986: 310)[14].

A cooperação, objeto polifacetado a que não falta uma desafiadora fluidez, revelou-se como possível eixo de uma prática científica autónoma. Já em 1983, o universitário e doutrinador peruano Carlos Torres y Torres Lara falava da existência de uma ciência da cooperação, gerada

---

[13] A contraposição entre cooperar e entrar em conflito pode ser uma das origens da tensão instalada no seio do movimento operário entre os cooperativistas e os que apostavam no exacerbar dos conflitos, como elemento de mobilização dos trabalhadores para a luta anticapitalista. A contraposição entre cooperar e competir é, por seu lado, uma sombra sempre presente na problemática da empresarialidade das cooperativas.

[14] Rabindranath Tagore (1861-1941) foi um escritor indiano de projeção universal, que ganhou o Prémio Nobel da Literatura em 1913. Grande difusor através do mundo do ideal da paz e da tolerância, é-lhe atribuída influência no pensamento de GANDHI. No texto de que se extraiu a citação, ele aponta a passividade do povo indiano como a mais forte amarra à miséria. Vê o princípio cooperativo como um princípio ativo libertador. "Este método de colaboração no trabalho é conhecido na Europa sob nome de sistema cooperativo. É ele que poderá salvar o nosso país da sua miséria e da sua estagnação seculares" (1986: 303). "O princípio cooperador progride nos países da Europa que têm sobre nós uma vantagem: possuem mais experiência e têm o sentido da colaboração" (1986: 311).

pelo que chamou *cooperação cooperativa:* "A Ciência da Cooperação é a que tem por objeto o estudo do fenómeno da Cooperação, particularmente a Cooperativa" (1983[a]: 1)[15]. Qualifica-a como ciência fáctica e normativa, humana e bidimensional[16], destacando o desenvolvimento, dentro do seu âmbito, de uma multiplicidade de disciplinas (ibid.: 2)[17]. Alerta contra a excessiva impregnação ideológica, verdadeiro obstáculo ao seu desenvolvimento, quer por si própria, quer por ter suscitado um desvio cientificista de sinal contrário igualmente redutor. "É tão negativa a mera análise ideológica que prescinde do estudo da realidade, como analisar esta no âmbito das ciências humanas sem ter em conta os objetivos que o homem se propõe desenvolver. Às novas correntes é preciso recordar que a ideologia também se traduz num fenómeno factual" (TORRES Y TORRES LARA, 1983: 6). E mais adiante conclui que "o esforço científico na Cooperação deve abarcar o fenómeno cooperativo tal como se manifesta: quer dizer, a cooperativa, o ato de cooperação, o setor cooperativo e a ideologia. Só o estudo objetivo de como funciona a cooperação e de como pretende funcionar permitirá chegar ao conhecimento da verdade" (ibid.: 7)[18].

---

[15] Adiante se aprofundará um pouco mais o sentido da expressão *cooperação cooperativa*. Para Carlos Torres ela é a que se traduz no movimento cooperativo contemporâneo, tendo "como elemento central a ação cooperativa, que no campo jurídico se denominou "ato cooperativo". Caracteriza-se por ser voluntário, realizado por 2 (duas) ou mais pessoas, com iguais direitos e com o propósito de obter um benefício direto, mas sem carácter lucrativo" (1983: 1).

[16] A ciência da cooperação é fáctica, porque se ocupa do fenómeno cooperativo, "tal como se produz nos factos"; é normativa, já que "pretende orientar a conduta humana para uma finalidade que procura a justiça social". É uma ciência humana, porque o seu núcleo é um fenómeno social e jurídico, o ato cooperativo. A sua bidimensionalidade radica-se, precisamente, na circunstância de ser fáctica e normativa (TORRES Y TORRES LARA, 1983[a]: 2).

[17] C. Torres destaca as seguintes: Filosofia Cooperativa, História Cooperativa, Sociologia Cooperativa, Psicologia Cooperativa, Economia Cooperativa, Administração Cooperativa, Direito Cooperativo, Técnicas Cooperativas, Teoria Cooperativa (1983[a]: 3 a 5).

[18] Em 1938, V. Totomianz no seu *Manual do Cooperativista*, referia-se à "moderna ciência cooperativa" que dizia ocupar-se" não apenas do bem-estar do indivíduo, mas também (...) da prosperidade dos aglomerados de indivíduos (1938: 30). Mais recentemente, em 1981, a Universidade de Marburg levou a cabo o X Congresso de Ciências Cooperativas,

Benjamin Ramirez, numa obra publicada nos anos oitenta do século XX[19], dedica um capítulo à ciência da cooperação (1989: 45-68). "A cooperação como elemento das formas associativas pode detetar-se em todos os grupos humanos e, portanto, podemos partir do pressuposto de que ela é um facto real existente, e portanto constitui um objeto possível de conhecimento" (1989: 58). Mas qual é o sentido da construção da nova ciência? "As formas associativas de cooperação, especialmente as cooperativas, foram estudadas por diferentes disciplinas: direito, economia, sociologia, administração de empresas, contabilidade, psicologia, filosofia e antropologia, mas cada uma, a partir da sua própria ótica, de uma forma vertical. Isto teve como consequência que a cooperação tratada dessa forma, sem conservar uma unidade conceptual, estilhaçou-se em múltiplas perspetivas que lhe fizeram perder a sua unidade como entidade" (RAMIREZ, 1989: 67)[20].

Também RAMIREZ coloca no eixo da sua elaboração teórica, não uma qualquer cooperação, mas apenas a *cooperação cooperativa*. É uma expressão que parece aproximar-se do pleonasmo. Todavia, o percurso deste autor para chegar até ela ajuda a compreendê-la. Começa por se referir ao conceito geral de cooperação, dotado de uma amplitude onde cabe qualquer coordenação de ações de vários indivíduos, para realizarem

---

ano em que na Universidade de LA RÁBIDA (Andaluzia) um grupo de universitários europeus e americanos apelou ao esforço das Universidades para o desenvolvimento desta "Ciências" (TORRES, 1983: 1). E, querendo coligir-se um outro elemento, para reforçar a ideia de que existe uma ciência da cooperação, pode recorrer-se ao CIUDEC, instituição que congrega centros e institutos universitários de estudos cooperativos da América Latina, cuja denominação é "Centro de Apoyo a las Investigaciones Universitarias en Ciencias de la Cooperación" (RAMIREZ, 1987: 25).

[19] *Teoria Y Doctrina de la Cooperación* (1989), publicada em Bogotá. O autor era então professor universitário na Colômbia, seu país natal, sendo diretor do "Instituto de Cooperativismo da Universidade de São Tomás", em Bogotá, e presidente do CIUDEC.

[20] E adiante, sustentando a possibilidade de uma ciência da cooperação, sublinha o carácter redutor da abordagem simplesmente económica das formas de cooperação. Na verdade, "a cooperação é um fenómeno real, expresso em diferentes formas, que pode traduzir-se em conhecimento para formar pelo menos uma teoria da cooperação". Esta, a doutrina e a epistemologia da cooperação, seriam os elementos de uma ciência de cooperação (RAMIREZ, 1989: 68).

uma determinada atividade (cf. RAMIREZ, 1989: 19). Encara-a, de seguida, num plano mais limitado, como "ação mancomunada de pessoas, conducente à realização de objetivos comuns" (ibid.: 20). São, todavia, diversos os tipos de objetivos que podem ser prosseguidos por esta cooperação consciente: sociais, económicos, culturais, religiosos.

Para RAMIREZ, contudo, a cooperação económica merece uma abordagem autónoma, caracterizando-se pela economicidade dos sujeitos que nela intervêm, das atividades que a materializam e dos objetivos comuns, cujos benefícios valem pelo que representam para os próprios intervenientes (cf. ibid.: 21). Ora, a cooperação cooperativa é, precisamente, um tipo de cooperação económica, caracterizado pelo facto dos objetivos procurados beneficiarem os cooperadores, não enquanto detentores de "capital", mas como "pessoas", e terem uma grande pujança de irradiação social[21].

Sem excluir uma presença discreta de outras conotações[22], é a cooperação económica a mais presente na temática que se está a percorrer.

---

[21] "Com isto podemos dizer, portanto, que a cooperação cooperativa é uma forma especial de cooperação económica e definimo-la como "a atitude consciente que assumem as pessoas que constituem um grupo organizado para realizar uma atividade económica em comum, com o fim de se beneficiarem a si próprias e à comunidade em geral". Ao defini-la assim, a cooperação já adquire uma forma concreta, expressa na estrutura organizativa que os seus membros lhe dão. Por isso, ao falar de cooperação, já não se faz referência a um conceito abstrato mas a uma forma real, seja ela uma cooperativa ou outra organização semelhante" (RAMIREZ, 1989: 22).
Como se vê, para RAMIREZ, embora as cooperativas sejam a forma mais frequentemente assumida pela cooperação cooperativa, não são a única possível; há outras formas associativas de cooperação. De qualquer modo, a cooperativa não deixa de ser "o paradigma das formas associativas de cooperação". "O exemplo mais típico das formas associativas de cooperação" (ibid.: 22). Em sentido convergente, pode referir-se a emergência da economia social como um objeto autónomo de conhecimento, com legitimidade institucional crescente, especialmente marcado neste início do século XXI, como um espaço de valorização do fenómeno cooperativo encarado como um dos seus aspetos. Isto é, como tecido conjuntivo de uma das constelações (a das cooperativas) que integram a galáxia em ascensão (a economia social).
[22] Não se pretende, em curtas páginas, esgotar todas as possíveis, mas talvez valha a pena chamar a atenção para uma fileira de pesquisa que procura inquirir sobre a possibilidade e a evolução da cooperação, entendida com o máximo de generalidade, a partir da teoria

Cooperação económica entendida, não só como conjunto de práticas cooperativas que circulam na vida económica, mas também como algo que, num plano mais profundo, impregna o próprio processo produtivo. De facto, como MARX escreveu: "Quando vários trabalhadores funcionam em conjunto, com vista a um objetivo comum no mesmo pro-

dos jogos, nomeadamente recorrendo ao "Dilema do Prisioneiro". Como exemplos de obras radicadas nesta linha de investigação, podem referir-se, de Michael Taylor, *The possibility of cooperation*, e de Robert Axelrod, *La evolución de la cooperación*. Como explica este último, as questões que suportaram a sua pesquisa são do tipo da que procura saber "em que casos deve uma pessoa cooperar com outra, e em que casos ser egoísta, durante uma relação que pode durar muito tempo?" (AXELROD, 1986: 9). Ou então: "em que condições chegará a surgir a cooperação num mundo de egoístas não submetido a uma autoridade central?" (1986: 15).

Por outro lado, num plano completamente diferente, merece referência a presença crescente no discurso que traduz a reflexão em torno das empresas privadas do termo "cooperação". Veja-se, por exemplo, o livro *Cooperação Empresarial*, de Angel Hermosilla e Joaquim Solá, que começa exatamente por definir "cooperação" nos seguintes termos: "A cooperação consiste num acordo duradouro que institui relações privilegiadas entre empresas, baseadas na reciprocidade de vantagens, na concertação sistemática e na procura conjunta de inovações, que possam contribuir para atingir um objetivo comum, de carácter geral ou específico" (1990: 6). Ocupa-se de vários tipos de cooperação: financeira, comercial, tecnológica, a nível da produção.

No mesmo sentido, pode referir-se *Direito Económico*, de António Carlos Santos, Maria Eduarda Gonçalves e Maria Manuel Leitão Marques, que no capítulo dedicado à organização privada do mercado, entre os tipos e formas de concentração, se ocupa especificamente da "Concentração e cooperação interempresarial". Aí se começa por esclarecer que: "Quando se fala de cooperação entre empresas pode entender-se simplesmente a troca informal e eventual de informações entre empresas do mesmo ramo ou situadas na mesma região. Mas a cooperação abrange também relações contratuais institucionalizadas e de mais longa duração, com objetivos específicos" (1991: 322). Entre os contratos com diversas funções refere: os de transferência de tecnologia; os de investigação e desenvolvimento; a subcontratação; o "partenariat"; a franquia; a "joint-venture"; os agrupamentos complementares de empresas e os agrupamentos europeus de interesse económico.

Não cabendo aqui mais do que uma referência breve, vale a pena mencionar um interessante espaço problemático que aqui se levanta. Dois planos parecem potencialmente mais fecundos: o de saber em que medida o uso do termo "cooperação" corresponde a uma real homologia material com a cooperação clássica, na medida em que traduz situações de "trégua" no contexto da "guerra" capitalista; e o de se inquirir acerca do uso ideológico da palavra "cooperação" no quadro de uma estratégia de "legitimação-ocultação".

cesso de produção ou em processos diferentes mas conexos, o seu trabalho assume a forma cooperativa" (1969: 242). E é a cooperação que suscita um potencial novo, no trabalho humano: "o resultado do trabalho comum não poderia ser obtido pelo trabalho individual, ou apenas o seria ao cabo de um longo período de tempo ou numa escala muito reduzida. Trata-se, não apenas de aumentar as forças produtivas individuais, mas de criar através da cooperação uma força nova que apenas funciona como força coletiva" (ibid.: 242).

Um olhar mais atento permite detetar diferenciações dentro desta colaboração produtiva. Pensando-se nos primórdios da evolução social, verifica-se que a cooperação vigente nessa época se inscrevia no que se pode considerar um conjunto de automatismos sociais, adequados a uma resposta eficaz ao desafio da sobrevivência e da reprodução da espécie. A organização cooperativa do trabalho[23], própria das sociedades humanas iniciais, estava ligada aos imperativos de sobrevivência e reprodução social cuja pressão era intensa. Correspondia-lhe a não apropriação individual do sobre produto social, evidentemente muito escasso, bem como a não apropriação pelos indivíduos dos meios de produção, realmente rudimentares.

O processo histórico foi dando uma complexidade crescente às relações sociais, que se traduziu numa crescente privatização da propriedade dos meios de produção, numa cristalização e agravamento das hierarquias sociais, o que revelou e acelerou o colapso da organização cooperativa do trabalho. Na verdade, a cooperação primitiva correspondia à ausência (ou à presença discreta e fraca) de mecanismos sociais de dominação e exploração, e implicava a não sedimentação de desigualdades sociais que traduzissem o facto de uns poucos viverem à custa do trabalho de muitos. A expressão social daquele colapso incorporou, por isso, no quadro de uma maior complexidade na produção,

---

[23] Ernest Mandel afirma, no seu *Traité d'Économie Marxiste*, a propósito da vida numa aldeia chinesa: "Tal como nas etapas mais primitivas do desenvolvimento económico, a sociedade continua fundada na organização cooperativa do trabalho. A comunidade tem necessidade do trabalho de cada um dos seus membros. Não produz ainda um sobre produto suficiente para que ele possa tornar-se propriedade privada, sem pôr em perigo a sobrevivência de toda a sociedade" (1962: I-32).

crescentes desigualdades sociais e mecanismos coercivos institucionalizados (cf. ENGELS, 1963: 180).

De facto, o processo de trabalho, após uma fase de individualização que o fundou como sinal de humanidade, assumiu uma sucessão de formas de entreajuda, de complexidade cada vez maior. As forças produtivas desenvolviam-se, as relações de produção evoluíam, a sociedade ia adquirindo uma textura dia a dia mais rica.

A cooperação primitiva correspondia a um contexto social tendencialmente igualitário, sem o que ficaria mais distante o êxito no combate à escassez de bens, condição de sobrevivência coletiva[24]. Não estava submetida a constrangimentos sociais significativos, o que impregnava a sua fisiologia e se repercutia nas representações simbólicas dos cooperadores. Dito isto, não se pode esquecer a forte pressão exercida pelas forças naturais, sobre as comunidades primitivas, ainda de grande fragilidade no seu todo[25]. Com o tempo, a cooperação ia sendo confrontada com um processo de hierarquização e rigidificação dos poderes, ou de instituição de dominações, que dinamizavam e exprimiam a emergência de desigualdades sociais e a intensificação da exploração, viabilizada e materializada pela apropriação privada do sobre produto social gerado pelo trabalho coletivo.

De início, a cooperação era uma entreajuda voluntária, socialmente livre, embora condicionada por pressões diretamente exercidas por fatores naturais, que punham em causa a sobrevivência do grupo. Era como se os produtores fossem objeto de um constrangimento provocado pela própria natureza, atravessado por mediações sociais de relevância reduzida, quase desprovidas de energia autónoma. Uma lógica de subsistência envolvia cada comunidade, cuja textura era tendencialmente homogénea. A impregnação de todos pela ideia de que era

---

[24] "A cooperação, tal como a encontramos na origem da civilização humana, entre os povos caçadores, na agricultura das comunidades indianas, etc, baseia-se na propriedade em comum das condições de produção e no facto de que cada indivíduo adere ainda à sua tribo ou à comunidade tão fortemente como a abelha ao seu enxame" (MARX, 1969: 248).
[25] Percebe-se assim, com MANDEL, que: "A organização cooperativa do trabalho sob a sua forma pura significa que nenhum adulto se abstém de participar no trabalho. Ela implica assim a ausência de uma "classe dominante" (1962: I-34).

necessário cada um participar no processo coletivo de trabalho, sob pena de colocar em perigo a comunidade, era um fator de revigoramento das pulsões de colaboração, e estava longe de representar um logro.

Com o instituir de sociedades de exploração, a cooperação transformou-se gradualmente numa colaboração forçada, ou seja, numa entreajuda funcionalmente conjugada com processos coativos hierarquicamente estruturados[26]. Em muitos casos, a coação foi ostensiva, como aconteceu com a escravatura, noutros, resultava de mecanismos menos evidentes, cuja dissimulação ideológica fazia parte das suas próprias caraterísticas, como aconteceu com o capitalismo.

Na verdade, obrigados a trabalhar para sobreviver, sob condições impostas e regras decididas por outrem, os operários do séc. XIX estão mais próximos dos escravos do que de trabalhadores idealmente livres, que conseguissem viver uma cidadania plena, que projetasse em todas as práticas sociais o princípio de liberdade então já proclamado pela burguesia. A condição operária permitia sentir isso com facilidade. Pelo contrário, muitos dos produtores de ideias influenciados pela ótica burguesa eram levados a ver mais facilmente o que na circunstância laboral traduzia a quebra das peias pré-capitalistas[27], privilegiando o aspeto

---

[26] Pode dizer-se que o imperativo da sobrevivência coletiva era também um elemento de coacção. Mas o que se pretende assinalar é a diferença entre uma cooperação, ocorrendo sem a interferência de constrangimentos sociais, e uma outra em que eram eles que a promoviam e predominantemente condicionavam.
Por outro lado, sendo certo que em ambos os casos havia forças exteriores à vontade como propulsoras da cooperação, no primeiro caso, o êxito do acto de cooperar traduzia-se num acréscimo das oportunidades de sobrevivência de todos os cooperadores. Todavia, na cooperação forçada, o êxito nos seus resultados representava um acréscimo da desvantagem relativa da grande maioria dos agentes da cooperação, em face do proprietário dos meios de produção.
[27] É claro que nem todos os produtores de ideias se deixavam confinar nessa aparência. MARX vai claramente ao fundo da questão: "… a cooperação de operários assalariados é apenas um efeito do capital que os ocupa simultaneamente. O elo entre as suas funções individuais e a sua unidade como corpo produtivo está fora deles, no capital que os reúne e os retém. A articulação das suas tarefas aparece-lhes idealmente como o plano do capitalista e a unidade do seu corpo coletivo surge-lhes praticamente como resultado da sua

jurídico-formal da posição dos trabalhadores e secundarizando a sua vertente sociológico-material[28].

À colaboração dos trabalhadores no seio do capitalismo não corresponde, portanto, uma proporcionalidade entre o trabalho realizado e a compensação obtida. Pelo contrário, há uma desproporção incrustada no cerne do capitalismo entre o esforço de cada um dos trabalhadores e o que recebe, o mesmo acontecendo com cada um dos possuidores do capital. Como se disse, ela é assegurada e mantida, não só através da inculcação aos trabalhadores da ideia de que o capitalismo é a forma "natural" de se estruturar a sociedade, mas também através do funcionamento dos mecanismos de dominação inerentes ao poder político.

Já não se trata de uma cooperação radicada numa lógica de sobrevivência e reprodução de um coletivo humano, mas de uma colaboração necessária à reprodução de um certo tipo de relações sociais, boa para certos grupos sociais e objetivamente gravosa para outros. É assim compreensível que os beneficiados tendam a encarar essa realidade como a mais natural e a mais fecunda, procurando impedir a sua modificação.

---

autoridade, o poder de uma vontade alheia que submete os atos deles ao seu objetivo" (1969: 246).
Não se pense que esta visão da cooperação dos operários no processo produtivo do capitalismo como algo não livre, se radica em exclusivo na ótica marxista. Por exemplo, Luís Carello cita e concorda com o doutrinador cooperativista argentino Juan B. Justo, quando ele afirma: "Perante a cooperação forçada que lhe impõe a direção capitalista, a classe trabalhadora exercita e desenvolve as suas aptidões para organizar e dirigir, por si só, a produção, praticando em escala crescente a cooperação voluntária na ação económica (...) ... é, para eles [trabalhadores], permanentemente sujeitos à relação extorsiva do salário, a primeira ocasião de um verdadeiro contrato" (1986: 25-26). No mesmo sentido, entre os autores portugueses, pode citar-se Fernando Emygdio da Silva, a partir de uma interessante obra publicada em 1905: "nos graus sucessivos de uma evolução muito lenta nós vemos transformar-se a cooperação forçada em cooperação voluntária" (1905: 7). E ainda a sua opinião de que a principal vantagem do cooperativismo "é a de realizar praticamente a substituição da cooperação forçada pela cooperação voluntária" (1905: 149).

[28] É o que Marnoco e Sousa critica, quando designa a "nova forma de associação do trabalho" resultante da "abolição sucessiva das leis que se opunham ao livre desenvolvimento das forças económicas" como uma "associação patronal" e não como "associação livre". E explica: "... o trabalhador encontra-se expropriado dos meios materiais de produção, vendo-se obrigado a vender a sua força de trabalho ao capitalista".

Em contrapartida, percebe-se que os desfavorecidos continuem a colaborar no processo produtivo, nos termos em que o fazem, apenas quando não possam sobreviver de outra maneira.[29]

Pode dizer-se que na cooperação primitiva as mediações sociais que existiam entre a necessidade natural e o papel de cada cooperador eram reais potenciadoras da eficácia coletiva e nisso se esgotavam, distantes de qualquer efeito reprodutor de desigualdades. Era tendencialmente uma cooperação livre em termos sociais, embora polvilhada por grãos de constrangimento oriundos da pressão da natureza[30]. O desenvolvimento das forças produtivas, o aumento da produtividade, a complexidade crescente das relações de produção, o movimento demográfico, foram gerando (foram-se traduzindo em) formas de colaboração produtiva entre os homens, implicadas por (e potenciadoras de) desigualdades sociais crescentes.

É, por isso, admissível assinalar terminologicamente essa mutação de modo a torná-la ostensiva. O que se poderia fazer, recorrendo ao termo "cooperação" para designar a cooperação livre e à palavra "colaboração" para referir a cooperação socialmente forçada.[31]

No entanto, assim como o predomínio da cooperação nas sociedades primitivas não significou a total ausência de constrangimento, também a prevalência social da colaboração produtiva ao longo de várias épocas não extinguiu por completo todas as formas de cooperação. Disseminadas pelos vários continentes ao longo do tempo, elas foram subsis-

---

[29] É claro que este roteiro sumário percorre caminhos mais do que conhecidos, não vindo por isso ao caso sequer o recurso normal às referências bibliográficas. Contudo, o sentido de, mesmo assim, o reproduzir é o de indicar, no modo de o apresentar, aquilo que se afigura vir a ser o núcleo da explosão cooperativa. De facto, foram as arestas do capitalismo, conjugadas com a vontade de libertação e o sonho dos trabalhadores explorados, que geraram o movimento cooperativo moderno. Geraram-no, no entanto, através de um tipo de comunicação entre os homens com remotas raízes nas sociedades humanas.

[30] Essas ilhas de constrangimento constituíram áreas especialmente predispostas a ser alfobres das formas de constrangimento social, geradas pelo devir histórico.

[31] Para aprofundar o contexto, em que este apurar do sentido do termo "cooperação" ganha pleno sentido, pode seguir-se J. F. Laranjo (1978: 91 e ss). Como exemplo de um autor que valoriza em termos idênticos a diferença entre "colaboração" e "cooperação", pode citar-se Marbán Santos (1968: 119 e ss).

tindo como ilhas intermitentes[32], isto é, como reserva latente destinada a estimular com a sua materialidade os sonhos dos homens.

À medida que a colaboração própria do processo de trabalho se foi relacionando com intimidade crescente com os mecanismos políticos hierárquicos, potencialmente opressivos, e com os mecanismos económicos de exploração, tomou forma, no seio de uma ideologia de resistência dos grupos sociais mais atingidos, uma dupla aspiração. Uma dupla aspiração que se traduziu, por um lado, no sonho de uma sociedade livre sem exploração económica, por outro lado, no ideal de uma organização cooperativa do trabalho[33]. Dos aspetos mais insuportáveis de uma vida difícil brotou a esperança numa sociedade que os fizesse desaparecer. Da própria intensidade da exploração capitalista surgiu a aspiração de caminhar para uma sociedade que a extinguisse. Do apagamento, quase completo, da cooperação, emergiu um projeto social radicado na organização cooperativa do trabalho[34].

É claro que esta aspiração cooperativa não se afirmou com nitidez e autonomia, isoladamente. Hoje, pode ser vista na constelação operária e socialista do século XIX, como realidade própria, em virtude da sedimentação cooperativa que o tempo produziu e da educação por que passou o nosso olhar[35]. Na prática, foi uma componente do movimento

---

[32] Está deste modo a fazer-se referência a todas as formas cooperativas precursoras, as pré-cooperativas; todos os exemplos em que o grau de entreajuda solidária era claramente maior do que o atingido pelos níveis dominantes de colaboração produtiva, nas mesmas circunstâncias. Podem ter sido fenómenos associativos ou comunitários, beneficentes ou mutualistas, ligados pelo fio condutor de uma solidariedade atípica de raiz religiosa, cultural ou profissional.

[33] Como adiante se verá um pouco mais detidamente, isto mesmo esteve presente no socialismo utópico, bem como no ideal "gideano" de uma "República Cooperativa" e nos socialistas cooperativistas com ele aparentados.

[34] Se assim é, o sonho cooperativo não é apenas o resultado da imaginação e da criatividade generosas na sua ambição de combater o desespero e as dificuldades, mas uma consequência objetiva da própria evolução capitalista. Esta, exacerbando as múltiplas subjetividades, potenciou-lhes a energia, dando-lhes capacidade para tornarem mais insuportavelmente visível a realidade social que as condicionara.

[35] Como se irá ver, a aspiração cooperativa quase sempre se revelará tanto mais intensa e sustentada, quanto mais entrelaçada surgiu com toda a dinâmica simbólica que buscava

operário que se gerou em íntima ligação com o movimento associativo, com o mutualismo, com o movimento sindical, bem como com a luta política dos trabalhadores, traduzida ou não num partido operário, guiado pelo marxismo ou conquistado pelo anarquismo, prudentemente possibilista ou impacientemente revolucionário.[36]

O ideal cooperativo foi, por isso, profundamente impregnado pela atmosfera de resistência vivida pelo conjunto do movimento operário, bem como pelo ímpeto emancipatório gerado pela convicção partilhada de que a exploração do homem pelo homem não é uma fatalidade natural, mas uma circunstância social. E nesta postura inconformada e alternativa, incluía-se a ideia de que a organização cooperativa do trabalho era um horizonte possível e um dos vetores de um projeto de sociedade que aspirasse ao fim da exploração.

É por isso que criar as condições para uma plena compreensão do que sejam as cooperativas como fenómenos sociais implica, não só valorizá-las como afloramento moderno da cooperação, mas também o seu enraizamento histórico no movimento operário de resistência ao capitalismo. Sincronicamente, elas articulam-se com as outras componentes do associativismo operário; diacronicamente, inserem-se numa tradição cooperativa inerente aos processos de trabalho que as sociedades de exploração reduziram a manifestações isoladas ou residuais.

Desta maneira, é natural que as doutrinas cooperativas se tivessem relacionado intimamente com as doutrinas socialistas, imbricando-se

---

em horizontes novos o alento para vencer o presente, difícil de suportar pelos trabalhadores, no contexto do capitalismo nascente.

[36] A contraposição entre o marxismo e o anarquismo foi especialmente relevante na Iª Internacional. A influência mais reduzida do anarquismo não o impediu de aflorar parcialmente em correntes do movimento operário que o não assumiam no seu todo.
À valorização extrema do possível, compaginável com o reformismo, opôs-se a aposta numa tomada do poder, cuja urgência não dispensava a revolução violenta. Esta dicotomia esteve viva na IIª Internacional e foi levada ao rubro pela Revolução de Outubro.
É claro que, desde o início, a hegemonia de uma tendência, neste ou naquele país, mais ou menos episodicamente, nunca foi sinónimo de homogeneidade de posições. Sempre existiu um mosaico de pontos de vista, uma multiplicidade de propostas político-ideológicas.

nelas, quer como aspetos parcelares dos projetos que estas traduziam, quer como alternativas que com elas cerradamente dialogassem.[37] De facto, os horizontes do socialismo e da cooperativização geral da sociedade, mesmo nas versões que os encaravam como alternativas, eram por vezes respostas conjugadas, traduzindo a vontade de alcançarem um futuro de liberdade sem exploração. Por isso, tem um efeito clarificador das relações do movimento cooperativo com as outras componentes do movimento operário articulá-las com a problemática das relações entre a doutrina cooperativa e a luta pelo socialismo[38].

Uma vez que, mais adiante, se vai comentar mais detalhadamente o movimento cooperativo, pareceu dever concluir-se este breve percurso através do conceito de cooperação, respigando alguns exemplos do afloramento do princípio cooperativo ao longo dos períodos anteriores à eclosão das cooperativas modernas.

Como se viu, nos primórdios do desenvolvimento social a cooperação potenciou decisivamente as capacidades da espécie humana.

---

[37] A grande questão colocada pelas doutrinas socialistas ao cooperativismo, quando se lhe contrapunham, visava a sua eficácia como meio de luta anticapitalista. Simetricamente, os cooperativistas mais distantes da opção socialista, quando partilhavam uma postura crítica em face do capitalismo, inquiriam o socialismo quanto à sua eficácia na mudança do quotidiano dos trabalhadores.

[38] Uma parte da doutrina cooperativa assumiu-se como um dos potenciais antídotos do socialismo, tendo-se movido sem conflitualidade no seio da ordem capitalista. Outra assumiu o cooperativismo como um socialismo, de tal modo desenraizado, que foi mais uma alternativa do que uma variante dele. Terá sido mais do que isto a Escola de Nîmes?
Mas o sector mais vivo da doutrina cooperativa pensava dentro da ótica socialista. António Sérgio, por exemplo, escreveu acerca do cooperativismo: "Vi nele um socialismo, em suma, mas não estadualista: um socialismo para todos, acolhedor de todos, sem a mínima distinção de natureza política ou religiosa" (1948: 12). E em 1971, Bernard Lavergne inicia assim o seu *Le socialisme à visage humain*: "Sendo o capitalismo quase universalmente criticado, o problema crucial que interessa a todo o homem moderno é o de descobrir por que estrutura substituir a ordem capitalista. Tentar-se-á mostrar de seguida que o Socialismo Cooperativo tem a mesma eficácia económica da ordem capitalista e liberta o homem da sua atual servidão e alienação" (1971: 1). E mais adiante sublinha ir mostrar que "o socialismo de rosto humano que muitos procuram já às apalpadelas na noite, não pode deixar de ser o socialismo cooperativo" (1971: 23).

Os grupos de caçadores primitivos são disso uma das mais ancestrais ilustrações. Nos segmentos históricos subsequentes, mas anteriores à era cristã, podem recordar-se: as unidades agrícolas coletivas de Babilónia; as associações artesanais no antigo Egipto, na Grécia e em Roma; as sociedades de crédito na antiga China. Já na era cristã, refira-se a disseminação das sociedades artesanais e das associações funerárias, bem como o aparecimento dos próprios mosteiros, que traduziam uma forma cooperativa de se viver; e o das guildas medievais. Através do Corão, o horizonte dos povos islâmicos foi também partilhado pela cooperação. Ainda antes do ano mil, na Islândia, surgiu o socorro mútuo comunal. Tradições comunitárias diversificadas conduziram a uma multiplicidade de tipos de cooperação. Podem citar-se: a Rússia com o "mir", a região balcânica com a "zadruga", cujo aparecimento se reporta ao século XII. No século seguinte, as "fruitières", originárias do Jura, foram-se expandindo pelos Alpes suíços, franceses e italianos. Pela mesma época, surgiram no Japão organizações coletivas de defesa (KO) e alguns séculos depois, no mesmo país, organizaram-se celeiros coletivos (shaso). Na América Latina, podem mencionar-se os "ejidos" mexicanos e as colónias jesuítas do século XVII, no Paraguai.[39]

Este olhar breve basta para mostrar a presença latente de uma energia cooperativa ao longo da história, naturalmente assinalável também na produção de ideias. Isto mesmo se poderá ver, recorrendo-se, por exemplo, à antologia organizada por Ugo Bellocchi, *Il Pensiero Cooperativo dalla Bibia alla Fine dell'Ottocento*, especialmente no 1º volume, que atinge Fourier e Owen.[40] Como fio condutor da escolha dos textos, percebe-se o relevo atribuído à tendência para a associação como elemento

---

[39] Este breve relance, que pretende apenas evidenciar a diversidade temporal e espacial do fenómeno, é largamente tributário de VERDIER (1973: 3 e ss). Podem também referir-se MLADENATZ (1969: 11 e ss); e A. e B. Drimer (1975: 198 e ss).

[40] No seu todo, a obra estende-se por três volumes. Do primeiro, vai falar-se no texto. O segundo compreende um leque de autores que se ocupam das repercussões associativas da revolução industrial, da cooperação de consumo, dos socorros mútuos e da detenção do capital e do trabalho pelas mesmas mãos. No terceiro volume, entre os temas tratados pelos textos escolhidos, destacam-se: o crédito e os bancos populares, as caixas rurais e as cooperativas de produção.

crucial do desenvolvimento das sociedades. Quanto ao período pré-cristão, além de dois textos que assinalam os primeiros ímpetos de congregação da espécie humana, destacam-se PLATÃO e ARISTÓTELES. Do primeiro, recorda-se *A República*; do segundo, o seu conceito de associação. No âmbito do cristianismo, lembra-se a raiz laboral dos mais próximos companheiros de Jesus Cristo, bem como a atmosfera igualitária, traduzida expressivamente na proclamação da igualdade entre todos os homens. Persegue-se este mesmo vetor ao longo da Idade Média, salientando-se a sua marca na vida das corporações. Passa-se depois para o humanismo renascentista, sendo naturalmente referida a *Utopia*, de Thomas More, bem como, entre outros autores que lhe seguem na esteira, CAMPANELLA, com *A Cidade do Sol*. Menciona-se o pacto do "Mayflower"[41], bem como posições de BACON, HOBBES e ESPINOZA. Há uma interessante referência ao estado cristão-social dos jesuítas no Paraguai. Segue-se o iluminismo, com uma chamada de atenção para a declaração de independência dos USA e para o relevo que A. Tocqueville atribui ao direito de associação como matriz da democracia americana. ROSSEAU, MORELLY, BABEUF, são também referidos. Surge então a galáxia dos autores mais habitualmente apontados como precursores do cooperativismo moderno (cf. BELLOCCHI, 1986 (I): passim).

As experiências pré-modernas de cooperação foram um importante arquipélago de realizações, naturalmente projetado no pensamento humano. O princípio cooperativo ia assumindo, com intermitência, discretos rostos diversificados, que traduziam especificidades locais e conjunturas temporais. Embora parcelares, essas experiências não deixaram de enriquecer o património genético da cooperação, o qual, no entanto, só verdadeiramente desabrocharia com o movimento cooperativo moderno que a partir das primeiras décadas do século XIX daria vida às suas mais fecundas potencialidades.

É neste contexto que adquirem todo o seu poder clarificador as palavras de Javier Divar: "Na verdade encontramos em todos os povos

---

[41] Este pacto é considerado, como se sabe, uma espécie de ponto de partida para a Constituição dos Estados-Unidos da América.

vestígios de instituições de cooperação entre os homens (...). Não existem cientícos "inventores" do cooperativismo, que é simplesmente (e essa é a sua maior grandeza) uma formulação do bom ser humano não envilecido pelas desumanizadas relações numa sociedade insolidária (...). Por essa origem natural e popular, todos os povos tiveram comportamentos cooperativos mais ou menos específicos"... (1985: 75).

Capítulo 3
Origem e Natureza do Movimento Cooperativo

3.1. A expansão cooperativa moderna não pode ser encarada apenas como o proliferar de práticas sociais, até então difusas e intermitentes, geradora de uma rede de entidades organizativamente autónomas e juridicamente reconhecidas. Traduzindo um congregar de vontades dirigido a objetivos comuns, essas organizações cedo se revelaram como um verdadeiro movimento social. Por isso, a realidade cooperativa só pode ser compreendida, se as estruturas que a integram forem olhadas como um todo dinâmico; ou seja, se o conceito de movimento cooperativo tiver um lugar de relevo na reflexão empreendida. A ele, na verdade, se atribui a energia que transformou os resíduos de cooperação presentes na colaboração produtiva[42], num fenómeno social pujante detentor de uma identidade própria[43]. Daí que se justifique plenamente

---

[42] Como já foi dito, estes vestígios de cooperação encontravam-se não só no seio do próprio processo produtivo inerente às sociedades de exploração, sob a forma de cooperação forçada, como nos dispersos arquipélagos de cooperação livre que vieram subsistindo ao longo do processo histórico.

[43] Sem prejuízo do natural aprofundamento que se fará de seguida, pode reter-se a síntese expressiva de PEREZ TURRADO: "Entre os movimentos sociais destacados que se desenvolveram durante os últimos cem anos no seio do capitalismo, ou em oposição a ele, ocupa um lugar proeminente o movimento cooperativo. O cooperativismo indubitavelmente representa uma das modernas estruturas sociais que se originaram de forma conjunta e paralela, quer dizer: o socialismo, o movimento sindical e as diversas correntes de política social" (1966: 21).

procurar saber qual é a sua natureza, o que não se consegue esquecendo a sua origem.

E para que a busca dessa origem seja plenamente fecunda, há que percorrer depois as linhas de força dominantes na sua evolução. Não se deverá, por isso, ficar pela superfície do fenómeno, pelas suas primeiras aparências. Se assim fosse, bastaria que retivéssemos o panorama já esboçado, porventura acompanhado de uma síntese dos seus objetivos e características mais marcantes. Seria um percurso fugaz, que pouco mostraria das verdadeiras forças propulsoras do que está em causa.

Com isto não se está a desprezar a prática cooperativa quotidiana, o fenómeno cooperativo na sua mais ostensiva evidência. Pelo contrário, pretende-se valorizá-la mostrando toda a sua riqueza[44], embora sem incorrer em qualquer esquematismo simplista que se limitasse à superficialidade mais aparente. Ora, dificilmente se estudará com fecundidade o fenómeno cooperativo em toda a sua amplitude, esquecendo a origem do movimento através do qual ele se exprimiu. Como movimento social, emergiu nas zonas mais desenvolvidas da Europa nas primeiras décadas do século XIX, com destaque para a Inglaterra e a França, sem esquecer a Bélgica, Itália e Alemanha e sem menos-

---

[44] Como se verá, a ideia de abordar nestes termos a noção de movimento cooperativo não visa a procura de uma definição fechada, cuja eficácia distintiva se radique no modo e nos termos em que for formulada. Pretende-se mais conseguir uma imagem esclarecedora de um grande conjunto, do que uma rigorosa fórmula definitória.

Não se ignora, contudo, a necessidade de, por vezes, se traçarem limites e de se proporem fronteiras como meio de tornar mais claras as ideias que se elaboram. Foi o que aconteceu com A. Laidlaw no célebre texto *As cooperativas no ano 2000*, quando procura distinguir três expressões que usa repetidamente, "movimento cooperativo", "sistema cooperativo" e "sector cooperativo": "A primeira é um termo geral que traduz a ideia de um grupo de pessoas que assume uma causa comum para atingir certos objetivos socioeconómicos, de acordo com os princípios e regras da cooperação.

O segundo termo tem uma aceção mais específica e concreta e é aplicável às diversas empresas industriais e comerciais que compõem o movimento cooperativo.

O terceiro designa a porção da totalidade da economia, desenvolvida através das cooperativas, enquanto entidades distintas, quer das empresas públicas, quer das empresas privadas" (LAIDLAW, 1983: 8).

prezo pelo que ocorreu noutros países quanto a realizações cooperativas[45].

As novas iniciativas de cooperação foram também consequências do capitalismo, pelo que se inseriram naturalmente no movimento operário, impregnadas pela sua atmosfera anticapitalista e contaminadas pelas aspirações socialistas nascentes. Foi esta relação de pertença ao movimento operário que condicionou profundamente a natureza do movimento cooperativo[46].

---

[45] Entre esses países, podem citar-se a Suíça, a Holanda, Portugal, a Rússia, a Espanha, a Áustria e a Grécia. Fora da Europa, merecem referência os Estados-Unidos da América.
[46] Para chegar com maior facilidade ao cerne desta problemática justifica-se uma breve imagem do amadurecer do contexto capitalista. Tempo do seu desabrochar foi o século XVIII: "Século das Luzes, do espírito francês, do despotismo esclarecido, (...): século de alargamento das trocas mercantis, nomeadamente do comércio mundial, e de progresso da produção mercantil, agrícola e manufatureira, com alta dos preços e crescimento da população; tudo isto principalmente na segunda metade do século, tendo como resultados simultâneos, a multiplicação das riquezas e o agravamento da pobreza" (BEAUD, 1981: 5). Michel Beaud vê-o como o século das três revoluções: a americana, a inglesa e a francesa. Encarando a independência americana como resultado da explosão de forças que o próprio capitalismo gerou (cf. 1981: 63), aponta, como "agente principal deste movimento", "a burguesia que se forma a partir das burguesias bancária e comercial, dos negociantes e fabricantes enriquecidos e, na Inglaterra, de uma parte da nobreza" (1981: 101). Esse agente, essa "nova classe dirigente" assume o culto da palavra liberdade. E Michel Beaud, especifica: "Na Inglaterra, onde ela é associada aos negócios do Estado, trata-se sobretudo de liberdade económica: liberdade de comerciar, de produzir, de pagar a mão-de-obra aos preços mais baixos... e portanto de se defender contra as coligações e os motins operários. Em França, onde ela continua afastada dos negócios do Estado, trata-se sobretudo da liberdade política: supressão dos privilégios, constituição, legalidade; mas as aspirações ao liberalismo económico estão também presentes" (ibid.: 101). Por fim, em síntese conclui: "Com as revoluções francesa e americana, com o desenvolvimento da "revolução industrial", um novo período se abre marcado pela irresistível ascensão do capitalismo" (ibid.: 101).
Tempo de desabrochar não é, obviamente, o mesmo do que nascimento. Nesse sentido, M. Beaud sintetizou assim o que ocorreu antes do sec. XVIII: "No termo dessa "longa marcha" de vários séculos rumo ao capitalismo, o capital, enquanto relação social de dominação para extorquir a mais-valia, não está em parte alguma com a sua maturidade consumada. E é apenas à luz do seu ulterior desabrochar que se pode então falar de "capital usurário" ou de "capital comercial", de "capitalismo mercantil" e mesmo de "capitalismo manufatureiro" " (1981: 53).

3.2. O capitalismo desenvolve-se com o século XIX, e com ele, não só a riqueza da burguesia, mas também a miséria operária; o tranquilo olhar para o futuro, ao lado da angústia mais funda; o poder como a outra face da dependência (cf. BEAUD, 1981: 141). A revolução francesa foi perdendo o seu potencial de esperança. No horizonte do seu desenvolvimento, só a burguesia pôde continuar a reconhecer um futuro. As classes trabalhadoras, pelo contrário, foram-se habituando, cada vez mais, a encontrar nesse horizonte, apenas, amargura e desespero. A prosperidade de uns ia sendo a outra face da miséria dos outros,[47] pelo que, lentamente, burguesia e proletariado iam assumindo identidades próprias como classes sociais, como novos protagonistas sociais, cuja consistência se radicava, em larga medida, na sua contraposição. Não se estava a assistir ao início da produção social dos proletários[48],

---

[47] BEAUD especifica assim a situação de "miséria operária do século XIX": "dias de trabalho alongados, salários baixos, graças à concorrência que estabelecem os diferentes tipos de operários, condições de vida muitas vezes julgadas mais duras do que as dos antigos servos. À carência mais completa, a caridade e paternalismo são por vezes atenuantes, a emigração um exutório; resta também a revolta, mas a repressão é implacável. Solidariedade, cooperativas, mútuas, uniões, sindicatos: depois de múltiplas tentativas, a organização do mundo operário conhece importantes progressos à volta de 1860" (1981: 157).

[48] Tratou-se, na verdade, de um processo longo, com especificidades diversas, mas com a presença de duas vertentes: a gestação de legiões de pobres arrancados dos lugares que ocupavam no processo produtivo e a criação de lugares de produção de tipo novo. Como escreveu MARX: "A criação do proletariado sem eira nem beira – despedidos pelos grandes senhores feudais e cultivadores vítimas de expropriações violentas e repetidas – era necessariamente mais rápida do que a sua absorção pelas manufaturas nascentes. Por outro lado, estes homens bruscamente arrancados às suas condições de vida habituais não podiam adaptar-se tão subitamente à disciplina da nova ordem social" (1969: 543). E mais adiante, como contraponto da questão de saber qual a origem dos capitalistas, MARX refere "a criação violenta de um proletariado sem eira nem beira, a disciplina sanguinária que o transforma em classe assalariada, a intervenção vergonhosa do Estado favorecendo a exploração do trabalho (...)" (1969: 551). Apontam no mesmo sentido, as palavras de Ernest Mandel quanto ao nascimento do proletariado: "As transformações económicas que, do século XVI ao século XVIII, criaram uma massa de produtores separados dos seus meios de produção nas cidades, eram assim acompanhadas de transformações, despojando na prática uma parte dos camponeses da terra enquanto meio de produzir a sua subsistência. Assim apareceu o proletariado moderno" (1962:

mas à afirmação da classe operária, do proletariado, como classe autónoma com um decisivo papel na conflitualidade histórica[49-50].

I-139). E clarificando a sua perspetiva, concluiu: "a separação dos produtores dos seus meios de produção cria uma classe de proletários que não podem subsistir doutro modo senão alugando os seus braços, quer dizer, vendendo a sua força de trabalho aos proprietários do capital, o que permite a estes apropriarem-se da mais-valia produzida por esses produtores" (ibid.: 140).

[49] Michel Beaud sublinha a importância desta afirmação da classe operária, uma vez que "marca a passagem de uma fase onde o capitalismo se desenvolveu utilizando uma mão-de-obra desenraizada, dependente, submetida, esmagada, para uma fase em que a burguesia capitalista tem de contar com uma classe operária que toma consciência, se organiza, e finalmente impõe uma nova relação de forças" (1981: 176).

[50] Não cabe nos objetivos deste trabalho discutir com rigor e profundidade noções como as de proletariado, classe operária, classe trabalhadora, determinando-lhes com precisão o âmbito e o significado da preferência por qualquer delas. Mesmo um exame rápido sugere que proletariado é um termo que, em si próprio, destaca o facto de os homens que o integram serem completamente desprovidos de bens, adequando-se a um protagonismo histórico forte. Neste aspeto, é a expressão "classe operária" que mais se aproxima dele. "Classe trabalhadora" tem um sentido mais descritivo, historicamente menos carregado, apto para uma maior amplitude social. Classe operária parece circunscrever-se com mais naturalidade aos operários industriais. Tudo isto, não constitui um impedimento absoluto a que essas expressões se usem indiferentemente, desde que, mesmo assim, se tenha o cuidado de as não aplicar nos contextos semanticamente mais inóspitos. É o que vai ser feito neste texto, renunciando-se a destrinçar as possíveis diferenças entre as várias expressões concorrentes.

Este passar por cima das diferenças, mais ou menos subtis, que se reconhecem, entre as expressões citadas, não prejudica o essencial da análise em curso e nem é uma opção inédita. Por exemplo, ENGELS afirma expressamente na sua *Situação da classe trabalhadora em Inglaterra*: "Utilizei constantemente como sinónimas as expressões: *Working people* e proletários, classe operária, classe indigente e proletariado" (cit. por CABRAL, 1983: 27).

Manuel Vilaverde Cabral, em *Proletariado – o nome e a coisa*, discute detalhadamente esta problemática, questionando em especial a noção de proletariado. Elaborada a sua genealogia, detetando na história do seu uso lampejos e ocasos, sublinha as suas fortes raízes francesas (... "o nome proletariado, à margem de qualquer referência a uma realidade sociológica precisa é antes de mais francês" (1983: 25)) e recorda a sua fraca penetração na Inglaterra, onde se persiste em preferir *"working class"* ("O nome proletariado, em Inglaterra e nos Estados Unidos, é um termo erudito utilizado quase exclusivamente pelos teóricos mais radicais do "projeto revolucionário" " (1983: 24)). Sugerindo uma demarcação crítica do conceito de proletariado, relaciona a sua persistência com a procura de um novo

O processo de construção do proletariado como classe para si, autónoma, era a correspondência positiva de uma dolorosa exploração. Cedo lhe fora confiscada a esperança num mundo melhor, naturalmente suscitada pelo desmoronamento da velha ordem. A burguesia afirmava-se paralelamente como nova classe dirigente. Como afirmou M. Beaud: "A formação dum capitalismo nacional é ao mesmo tempo a constituição de uma classe operária e a ascensão de uma nova classe dirigente" [a burguesia] (1981: 129). De um lado a resistência nascente, o aguçar do pensamento crítico, o sonho de uma nova sociedade; do outro, o exercício do poder de modo a potenciar a lógica do capital e a assegurar a sua reprodução.

Para esta dicotomia, é clarificadora a proposta conceptual de André Gorz: "Entendo por proletariado, os trabalhadores que, por causa da sua posição na produção e na sociedade, só podem acabar com a sua exploração e a sua impotência, acabando coletivamente como classe, com o poder e a dominação da classe burguesa. Entendo por classe burguesa o "funcionário" coletivo do capital, quer dizer, o conjunto daqueles que gerem, representam e servem o capital e as suas exigências" (1980: 29).

O processo de gestação da classe operária radicou-se numa rede de organizações e de lutas: organizações construídas para lutar, lutas que geraram organizações. Ou seja, a classe operária viveu no movimento operário e através dele. Por isso, se pode dizer com simplicidade que ele é a respetiva classe em movimento. É assim que, sem buscar uma hipotética essencialidade histórica, vai procurar dar-se uma ideia do que se entende por movimento operário.

Recorra-se, em primeiro lugar, à combinação de dois vetores: é um movimento constituído por trabalhadores; é integrado por determinados tipos de organizações (partidos políticos de resistência ao capitalismo; sindicatos; cooperativas; associações de cultura, educação e recreio; mútuas)[51]. Deste modo, pode haver trabalhadores que (pelo

---

sujeito revolucionário. Aceita a existência do "proletariado sociológico", a classe operária, mas mostra-se céptico quanto à sua revolta em face do sistema.

[51] A referência aos tipos de organizações operárias de maior difusão não significa que se estivesse perante figuras alheias entre si, devendo ter-se presente, além disso, a variedade

menos nos períodos de fusão conflitual) pertencem ao movimento operário, apesar de não estarem integrados em qualquer organização, e pode haver elementos, socialmente exteriores à classe trabalhadora, que pertençam ao movimento operário, uma vez que estão integrados nas suas organizações.

Por isso se usa aqui a expressão movimento operário em sentido amplo, adotando uma terminologia historicamente consagrada, mas não a fazendo envolver apenas os operários industriais, mas sim os trabalhadores no seu todo[52]. Trata-se de uma atitude pragmática, adequada aos objetivos visados neste texto, que aceita a validade da autoavaliação das diversas organizações que a si próprias se incluíam no movimento, refletindo uma conjuntura de incerteza, quanto aos limites da condição operária e ao âmbito do respetivo movimento. A circunstância de ser a partir da prática cooperativa que com ele se contacta, só reforça a escolha feita.

Três referências se justificam, entretanto, como balizas de uma primeira análise. A primeira, para lembrar que os vários tipos de organizações que o constituíram não nasceram distintos entre si. Pelo contrário, começaram por ser um tecido indiferenciado, onde a associação era uma forma geral aberta aos diversos conteúdos, algo de comparável a um recipiente onde cabiam todas as práticas em causa[53]. A segunda

---

de formas que assumiram nos diversos países. Nalguns casos, o partido era uma federação que envolvia sindicatos, cooperativas, associações e mútuas; noutros, a associação era nome atribuído a vários dos tipos citados, nomeadamente, a cooperativas, sindicatos e mútuas.

[52] Nesta óptica, o movimento operário não é apenas uma congregação de operários, embora estes sejam o seu mais sólido suporte social. A importância de muitos intelectuais de origem burguesa na sua dinâmica é uma evidência histórica. A conexão íntima que certos sectores sociais não operários estabeleceram com o movimento em análise foi real. Muitos dos militantes dos partidos operários e dos sindicatos, bem como muitos cooperadores, não eram e não são operários.

[53] A associação foi a forma correspondente à nebulosa inicial, que abrangia todas as realidades organizativas radicadas nas classes trabalhadoras. Mas isso tinha, talvez, um significado mais profundo, que transparece claramente, por exemplo, em Costa Goodolphim, quando a considera "uma lei geral para realizar um certo número de resultados" (1974: 22), ou "uma lei universal e natural" (1974: 93).

referência propõe-se recordar que os vários tipos de organizações operárias constituíram, quase sempre, nas suas múltiplas versões, uma simbiose entre uma criatividade associativa emergente e uma espécie de reciclagem histórica de formas comunitárias e gregárias há muito existentes. Por último, pretende sublinhar-se o facto destas práticas sociais terem sido impregnadas por produções doutrinárias que, em alguma medida, as refletiam e que eram também um elemento potenciador da sua irradiação[54].

3.3. Dará maior consistência a estas reflexões, recordar as Internacionais, ainda que de relance. Através da primeira, a classe operária afirmou-se na cena política como sujeito internacional, ao mesmo tempo que em certos países adquiria um peso político-social novo. Fortemente marcada pela sombra tutelar de MARX, terá tido na Comuna de Paris o apogeu do seu drama, momento de glória e prólogo de crise. Como associação internacionalista, incorporava um mosaico de organizações operárias de natureza diversa e de consistência variável.

Demoraria algum tempo até que dos seus escombros emergisse a 2ª Internacional. Mais próxima de uma federação de partidos, com os segmentos nacionais mais diferenciados, sentiu menos a sombra direta de MARX, mas contou com uma forte (e muitas vezes conflitual) presença de muitos marxistas ilustres (ENGELS, KAUTSKY, Rosa LUXEMBURGO, LENINE, etc). Tal como a questão do anarquismo agitou a sua antecessora, no dobrar do século atingiu o seu auge a polémica em torno do revisionismo de E. Bernstein. A 1ª Guerra Mundial traria o seu colapso. Mais tarde, reanimou-se. Enfrentou a cerrada competição da

---

[54] Cabe aqui recordar, em paralelo com o que acaba de se dizer, ENGELS quando ao iniciar *Do socialismo utópico ao socialismo científico* escreveu: "O socialismo moderno é, em primeiro lugar, pelo seu conteúdo, fruto do reflexo na inteligência, por um lado, dos antagonismos de classe que imperam na moderna sociedade entre possuidores e despossuídos, capitalistas e operários assalariados e, por outro lado, da anarquia que reina na produção" (1962: 29).
As doutrinas emergentes do movimento operário eram, em si próprias, marcas do contexto em que surgira e da sua atitude perante ele, mas logo se inseriam no próprio movimento, integrando-o como estímulos ou equivocando-o como ilusões.

Internacional Comunista, fundada na esteira da revolução russa de 1917. Tornar-se-ia na Internacional Socialista existente na atualidade com presença na política mundial[55].

No plano cooperativo, com uma dinâmica autónoma em face das Internacionais, embora sem deixar de com elas ter contactos de intensidade variável ao longo do tempo, deve relembrar-se a existência da ACI (Aliança Cooperativa Internacional) que é uma estrutura organizativa de âmbito mundial e teve um grande impacto na evolução do respetivo movimento[56]. Celebrou o seu primeiro centenário em 1995 e tem continuado a desempenhar um papel importante na vida das cooperativas de todo o mundo.

Na produção doutrinária acabada de referir, como integrada no movimento operário, o primeiro plano ocupou-o o marxismo. Inicialmente homogéneo no fundamental, cedo foi sulcado por controvérsias internas, polarizadas em torno de alguns núcleos de problemas, tais como a alternativa entre reforma e revolução, a conexão entre poder revolucionário e democracia, o papel dos sindicatos, a evolução do capitalismo, ou o elemento nacional no contexto do internacionalismo.

A ideologia anarquista, também assumidamente anticapitalista, foi concorrente séria do marxismo no quadro da 1ª Internacional. Não

---

[55] Cf. KRIEGEL (1968: passim; 1972: 603 e ss; 1974: 555 e ss). A Internacional Socialista atual, a pouco e pouco, tem vindo a deixar de ser uma organização essencialmente europeia. A evolução política verificada nos países do Leste Europeu, bem como em alguns Estados africanos, tornou claro que, à esquerda, a IS, pese embora a sua falta de vigor, é o único protagonista político internacional que subsiste. Uma abertura pouco criteriosa a partidos oriundos da África, da Ásia e da América Latina, bastante distanciados de qualquer tradição socialista, tem agravado a sua descaracterização, tendo contribuído para o seu quase completo esvaziamento como protagonista relevante na cena internacional.

[56] Quanto à ACI, merece destaque o facto de a sua aparente fragilidade se ter revelado ilusória. Na verdade, o que parecia ser apenas uma ténue rede a unir os cooperadores de um punhado de países, revelou-se duradouro e com virtualidades de expansão que o tempo tem potenciado. Qual o segredo da sua durabilidade? A flexibilidade? A democraticidade? O estatuto de igualdade efetiva de todos os membros? Ou o facto de ser constituída por cooperativas?

será difícil encontrar depois a sua marca no sindicalismo revolucionário do princípio do século XX, o qual se radicou na proeminência absoluta da luta sindical no quadro do movimento operário, com a consequente desconfiança perante a luta política institucional, protagonizada pelos partidos.

Teve também algum relevo a projeção da doutrina social cristã no seio do movimento operário. A sua expressão mais importante, quase sempre inorgânica, foi designada por socialismo cristão, que não atingiu, no entanto, a consistência organizativa que viria a ter o sindicalismo cristão[57]. Mas, como se verá no plano cooperativo, o socialismo cristão teve presença assinalável na Inglaterra, na França, na Alemanha e na Bélgica, sendo marcante o seu papel no início da ACI[58].

Para se discutir utilmente o lugar da componente cooperativa no movimento operário, é necessário refletir um pouco mais acerca das outras componentes. Veja-se nele um movimento de trabalhadores para melhorarem as suas condições de vida e (em complemento ou em alternativa) para reformarem a sociedade, libertando-se das injustiças que os esmagavam[59]. Entre as componentes, valorizem-se a política e a

---

[57] Não cabendo aqui analisá-lo detalhadamente, deverá, no entanto, dizer-se que o socialismo cristão oscila entre uma autenticidade na defesa dos interesses dos trabalhadores e um consentimento na sua instrumentalização por parte de forças políticas conservadoras.

[58] Adiante se tratará desta problemática um pouco mais detidamente.

[59] Como resulta do que atrás foi dito, encarar o movimento operário como um movimento de trabalhadores pode ser mais do que a procura de uma expressão sinónima. Nesse sentido, veja-se, por exemplo, Otílio Rosado, quando diz: "O conceito de Movimento Operário como força que impele a classe operária a lutar para superar a sua condição de exploração foi superado. Atualmente, fala-se de Movimento dos Trabalhadores, definido como a forma dinâmica e permanente que impeliu a classe trabalhadora a atuar e organizar-se em função da sua libertação humana e integral. O Movimento dos Trabalhadores é constituído por todas aquelas organizações que de forma transitória ou permanente são criadas pela classe trabalhadora para enfrentar problemas de tipo estrutural ou conjuntural" (1988: 42). Mas está longe de ser evidente o corte abrupto entre o sentido das duas expressões, embora se reconheça o acréscimo de carga simbólica da primeira. E de uma análise mais atenta, na verdade, resultaria provavelmente uma quase completa fungibilidade entre ambas, e não a sua irremovível diferença.

sindical, por partilharem com as cooperativas[60] os aspetos mais relevantes do movimento operário; sem que isso signifique que se recusa importância, quer ao mutualismo, quer a outras entidades de natureza solidarista, quer ao associativismo recreativo e cultural.

Subalternizada, a classe trabalhadora ocupava na pirâmide social a área mais desfavorecida. Na defesa dos seus interesses, na resistência quotidiana a pressões e constrangimentos gerados pelo capitalismo, compreende-se o aparecimento entre os trabalhadores de uma profunda sensibilidade anticapitalista. Quer ela acabasse por se tornar uma atitude revolucionária, apontando para a tomada abrupta do poder; quer se traduzisse numa postura reformista apostada na pressão continuada, dirigida a uma cadeia de alterações sociais e políticas, representava, em ambos os casos, o desejo de uma outra sociedade. O aparente dilema de se ter de optar entre revolução ou reforma, foi um poderoso fator de controvérsia[61].

3.4. De toda a energia social produzida pela recusa do capitalismo, uma grande parte ia sendo reconvertida numa luta pelo socialismo. Na verdade, a adesão crescente do movimento operário ao ideário socialista

---

[60] Como se constatará mais adiante, este conjunto tripartido foi encarado, em momentos históricos marcantes, como a estrutura do movimento operário. Isso mesmo aconteceu de uma maneira nítida e relevante em França, por intermédio da teoria dos "três pilares", mas não deixou de ter alguma realidade quer na Bélgica, quer na Itália, quer, com menos vigor, na própria Alemanha.

[61] Contudo, talvez se estivesse perante dois polos de uma única dinâmica, suscetíveis de se completarem e potenciarem. Mesmo num plano algo superficial, se pode ver que uma defesa consequente e eficaz dos interesses dos trabalhadores ganha com uma combinação das duas perspetivas: uma defesa consequente dos interesses dos trabalhadores no imediato propicia naturalmente um maior vigor anticapitalista; o alheamento da lógica do sistema torna-os mais autónomos e, por isso, potencialmente mais eficazes na defesa dos interesses mais imediatos. A luta revolucionária pode ser uma boa alavanca de reformas, enquanto o êxito destas lhe pode servir de estímulo.

A ação cooperativa era naturalmente envolvida na vertigem desta controvérsia. Se o reformismo se podia harmonizar facilmente com ela, as pulsões de urgência revolucionária, ou tentavam instrumentalizá-la linearmente, ou viam nela um risco de amolecimento do ímpeto transformista e um desviar de energias e vontades.

exprime uma resistência à miséria e à opressão, sofridas dentro do capitalismo, conduzindo a uma aspiração ao não-capitalismo, a uma contestação ao domínio da burguesia. Por isso, se pode dizer que a luta pelo socialismo reforçou o anti capitalismo de raiz operária. Impregnou o respetivo movimento, dando-lhe consistência e obtendo dele ampla repercussão social. Movida por uma imagem do futuro que era o reverso das injustiças da sociedade, procurava um modo de viver em que o trabalho não estivesse subalternizado perante o capital.

Mais do que um projeto de sociedade preciso e detalhado, era um movimento social libertador, apostado em acabar com a exploração e a opressão[62]. Também por isso, a sua trajetória não foi uma cadeia de êxitos, animada por uma crescente maturidade dos seus protagonistas[63]. Atravessou equívocos, estagnações, enganos, dramas e regressões. Nem a própria identidade do socialismo alcançou um estatuto de evidência pacificamente aceite[64], sendo percetível que nem todas as versões dessa identidade têm autenticidade e um mínimo de consistência teórica[65].

No fundo, o vetor emancipatório de raiz laboral e a crítica ao capitalismo revelaram-se como os seus elementos decisivos. Todavia, ao desdobrar-se em objetivos mais específicos, marcados por circunstâncias de lugar e tempo, a complexidade de fins daí resultante, mutável

---

[62] Talvez se possa dizer com propriedade que a luta pelo socialismo, inscrita no movimento operário do século XIX, era um verdadeiro movimento de libertação social. Projeto e movimento abriam um horizonte de esperança e davam força à resistência quotidiana.
[63] Com que realismo se poderia esperar outra coisa, estando em jogo uma ambição de felicidade coletiva e uma vontade de mudança que consubstanciam, porventura, a maior ousadia prática da história?
[64] Certamente que, por exemplo, os socialistas cristãos não viam no "socialismo" o mesmo que os marxistas.
[65] Algumas das correntes político-ideológicas que se autodenominavam socialistas tinham uma tão escassa consistência anticapitalista que dificilmente podiam lutar contra o capitalismo. Após o vendaval que varreu as experiências do socialismo burocrático de Estado, será prudente reexaminar o mosaico das múltiplas sensibilidades socialistas. Pode acontecer que algumas, que pareciam incipientes, se revelem como as mais aptas para procurar o futuro, enquanto outras, ainda ontem aparentemente sólidas, se mostrem afinal como ilusórias.

ao longo de um processo naturalmente acidentado, vivido por tão diversos sujeitos coletivos e individuais, levou a que frequentemente perdesse a evidência o fio condutor. Muitos e muitos operários agiam, por vezes, ao arrepio dos vetores essenciais do projeto socialista. E não foram poucas as organizações operárias que, mais ou menos duravelmente, se afastaram também desses vetores. É pura ficção pressupor uma impregnação completa e permanente de todos os membros individuais e coletivos do movimento operário, pelos valores e objetivos do socialismo. No entanto, ignorar a sua presença como fio condutor do movimento em causa é renunciar a compreendê-lo.

É importante lembrar que essa presença não se manifestou identicamente em todos os sectores do movimento operário. A componente política abrangeu as vias e as ações de relacionamento direto com o poder político, nomeadamente a luta para o conquistar. Em certos casos, os mediadores desta relação eram organizações não operárias; noutros, eram estruturas geradas pela dinâmica política operária[66], quase sempre conducente aos partidos socialistas. É pois compreensível que esta componente tenha sido a que mais expressamente se assumiu como anticapitalista, sendo a luta pelo socialismo o elemento básico da sua própria identidade[67].

Os sindicatos, como organizações de massa, congregadoras de grande número de trabalhadores, centraram a sua ação na defesa dos salários reais, na luta contra a carestia de vida e contra a degradação social da

---

[66] Como exemplos de luta política de operários, por intermédio de estruturas de outra raiz, pode citar-se o movimento cartista inglês, na primeira metade do século XIX, bem como a luta do Partido Republicano Português, no fim desse mesmo século. A 2ª Internacional, como se disse, emitiu uma diretiva tendente à constituição de partidos socialistas em cada país, como meio de fortalecer a luta política.

[67] Quase todos os partidos operários se denominaram socialistas ou sociais-democratas, sendo na altura ambas as expressões usadas como sinónimas. A significativa exceção inglesa radica-se na génese muito específica do *"Labour Party"*, embora não deixe de se detetar uma certa ideia de um espaço onde cabe o socialismo, embora sem exclusividade. Com o tempo, esta pequena "nuance" acabou por se esbater, sendo hoje o *"Labour"* um partido de natureza idêntica à dos que com ele integram a Internacional Socialista.

condição operária[68]. Constituídos em processos sociais, onde se percebia bem o seu entrelaçamento com os partidos socialistas operários, servindo muitas vezes de verdadeiro suporte social da ação política, ao mesmo tempo que viam projetados por ela as suas reivindicações e os ecos da sua luta, os sindicatos incorporaram correntes de opinião internas contrárias a uma ligação íntima com as organizações políticas. Apesar disso, tácita ou expressamente, foram quase sempre encarados como polos de uma estratégia conjunta, envolvendo também os partidos socialistas e operários. Por isso mesmo, o seu anti capitalismo e a frontalidade do seu apego ao socialismo podem ter sido muitas vezes menos ostensivos, apenas em consequência de uma certa repartição de tarefas com os partidos, aos quais cabiam as inerentes à luta política direta. Podendo haver questões doutrinárias e políticas, em torno do modo como estas duas componentes se relacionavam, não se devem diferenciar qualitativamente uma da outra, a partir do tipo de conexão que ambas têm com a resistência ao capitalismo e com a luta pelo socialismo.

Duas outras áreas de menor importância, mas de apreciável interesse no balizar do movimento cooperativo, são o mutualismo e o associativismo cultural e recreativo. O primeiro é a prática organizada de uma solidariedade de tipo cooperativo, mas em circuito fechado, largamente tributária de uma tradição de entreajuda, no seio dos grupos profissionais, oriunda da época pré-capitalista[69]. Quanto ao associativismo cultural e recreativo, materializou a tentativa organizada de forjar uma classe operária mais instruída, desse modo capaz de potenciar os efeitos e alargar a base das diversas ações levadas a cabo pelas outras

---

[68] Cf. VIEIRA (1970: passim), LUXEMBURGO (1970: passim), MARX e ENGELS (1972: 1 e 2 Vol.: passim) e LEFRANC (1965: 7 e ss).

[69] Relacionar as cooperativas e as mútuas não é algo que deva ser feito unilateralmente. Numa primeira leitura, é possível ver nas cooperativas uma especialização diferenciadora no seio da acção mutualista. As cooperativas contariam entre uma das suas características um princípio mutualista. Contudo, no quadro da pertença de ambas à economia social, como o perfil das cooperativas se revela mais consistente, têm surgido posições que encaram as mútuas como cooperativas atípicas, no essencial especializadas na mutualização dos riscos.

componentes do movimento operário, e mais suscetível de ir gerando um verdadeiro universo cultural próprio das classes trabalhadoras.

Estes dois tipos de entidades representam, em certo sentido, a sobrevivência de formas organizativas que, tendo dado origem a outras mais diferenciadas (partidos, sindicatos, cooperativas), continuaram a ser utilizadas por certas práticas sociais, permanecendo desse modo vivas. Na verdade, a associação foi o primeiro de uma cadeia evolutiva de tipos organizacionais, sucessivamente diferenciados através de um processo de especialização, tendo subsistido como categoria residual que compreende todos os substratos não abrangidos pelas mútuas[70], nem por qualquer das três componentes principais. Desenvolvendo-se a partir de um segundo patamar, o percurso das mútuas é do mesmo tipo, embora tenha suscitado, como figura ainda mais especializada, a das cooperativas. Ou seja, as mútuas são uma associação que, especializando-se, se modificou, tal como as cooperativas são uma organização mutualista especializada, e também, nessa medida, modificada, mas tão profundamente que suscitou o aparecimento de um novo tipo jurídico.

Esta visão esquemática foca alguns aspetos da articulação entre as várias formas organizativas do movimento operário, mas deve ser algo flexibilizada. Nomeadamente, chamando-se a atenção para o facto de se estar perante uma problemática ainda em aberto, onde há uma certa instabilidade quer no plano formal, quer no aspeto jurídico[71], onde é

---

[70] A diferença entre associações e mútuas não impede que estas possam ser qualificadas juridicamente como associações. E nesse caso, pode entender-se que houve empréstimo de uma categoria jurídica a uma realidade a que se não ajusta completamente; ou que essa opção do direito traduz, afinal bem, o facto de o mutualismo ser a área menos diferenciada, a partir da nebulosa associativa inicial. Talvez se possa dizer que a partir da nebulosa associativa inicial foram suscitados dois níveis de diferenciação jurídica. Nuns casos, assistiu-se a uma simples especialização dentro do tipo jurídico "associação" (por exemplo, associações mutualistas); noutros casos, o processo teve que ir mais longe, conduzindo a uma verdadeira diferenciação tipológica que levou ao aparecimento de um tipo jurídico de pessoa colectiva: a "cooperativa".

[71] Quando se fala em instabilidade no campo jurídico, fazendo referência às associações, pretende chamar-se a atenção para o facto de, mesmo em Portugal, frequentemente se pressionar a figura jurídica da associação para ela incorporar atividades empresariais completas e comuns.

variável de país para país a importância dos diversos tipos e o estatuto das suas relações[72]. No mesmo sentido, se pode recordar que o mutualismo não foi um ponto de passagem obrigatório da gestação das cooperativas, dado que, por vezes, esta se radicou diretamente na associação, o que não invalida a ideia de que as associações e as mútuas[73] são formas de algum modo residuais, embora preenchidas por práticas sociais tendencialmente específicas.

As componentes do movimento operário não correspondem, naturalmente, a espaços estanques e imutáveis, articulados por uma hierarquia de importância inalterável. Pelo contrário, ao longo de quase dois séculos, ao sabor de especificidades nacionais e regionais, estabeleceram entre si tipos de relações variáveis, oscilando entre a autonomia e a proximidade. Esta fluidez, quer da hierarquia interna do conjunto, quer do seu centro propulsor, não deve impedir de se compreender que a vocação globalizante da luta política tenha tornado mais comum a proeminência da respetiva componente, pelo menos desde que, em 1872, no Congresso de Haia, a Internacional recomendou a constituição de partidos políticos nacionais (cf. NOGUEIRA, 1964: 49).

A força dinamizadora da área política do movimento operário variou de país para país, não tendo sempre a mesma intensidade, mas sendo claramente potenciada pela hipótese de conquista do poder por partidos operários, introduzida como horizonte possível nos combates políticos. Simetricamente, cada derrota política atenuava a centralidade desta componente, abrindo espaço a um maior protagonismo das outras, nomeadamente da sindical. Em paralelo, a fragilidade de muitos dos partidos socialistas e operários tornou frequente uma grande discrepância entre o descontentamento popular e a sua expressão política

---

[72] Por exemplo, em França o mutualismo tem grande importância e está articulado com as cooperativas e outros tipos de associações no âmbito da economia social, conceito com projecção institucional e existência jurídica, doutrinariamente aceite.
Numa perspetiva que, embora se traduza também numa abordagem global, atribui maior centralidade às associações, atribuindo-lhes uma maior energia alternativa, pode ver-se LAVILLE, 2011: 20 e ss.

[73] Mas deve ter-se presente que, hoje, as mútuas em Portugal são associações mutualistas, mas não deixam de ser associações.

organizada, o que foi um outro fator conducente a uma maior centralidade da luta sindical[74]. Esta, de facto, assumiu com alguma frequência um autêntico protagonismo político, quer pelo modo como se repercutiu na balança do poder, quer pela marca que imprimiu em muitas decisões dos governos, quer pelo próprio conteúdo de algumas reivindicações que sustentou[75]. Protagonismo facilitado pelo próprio facto de, historicamente, ter sido comum que os sindicatos tenham surgido antes dos partidos políticos socialistas e operários.

Tudo isto ajuda a compreender melhor o desenvolvimento da prática cooperativa no contexto do movimento operário. E, quanto a este, vale a pena lembrar G. Lasserre, quando escolheu como imagem dos seus primórdios a de uma "nebulosa inicial", onde sob uma forma associativa se manifestaram diversos tipos de ação coletiva dos trabalhadores, e a partir da qual surgiu um processo de especialização – diferenciação em partidos, sindicatos, cooperativas e mútuas[76], permanecendo a associação, como forma residual que acabou por se revelar especialmente vocacionada para corresponder a práticas culturais e recreativas, sem esquecer a sua vocação solidária. Ou seja, o que com LASSERRE se sublinha é a existência de uma prática social que começa por ser indiferenciada e polivalente e a que, como atrás se viu, correspondia a forma-associação de início apta a receber qualquer conteúdo associa-

---

[74] Uma outra consequência dessa discrepância foi o apoio dado, por largos sectores operários, a movimentos políticos de raiz burguesa.

[75] Desde os anos sessenta do século XX que se vem discutindo esta problemática, no quadro do que se considera ser uma crise do movimento sindical. André Gorz, em consonância com o dirigente sindical italiano Bruno Trentin tratou inovadoramente esta problemática no seu *Stratégie ouvrière et néo-capitalisme* (1964). Quase um quarto de século depois, Pierre Rosanvallon, viria a explanar uma perspetiva pessimista que, no entanto, se traduziu num texto significativamente inovador: *La question syndicale*. O que GORZ estilhaçou, e ROSANVALLON não recupera, foi a imagem de uma luta sindical acantonada num domínio restrito, onde pouco mais releva do que a luta salarial.

[76] Como escreveu o doutrinador francês George Lassere: "Tendo o movimento operário nascido sob a forma de uma "nebulosa inicial" constituída por associações operárias de funções diversas e tendo progredido pela especialização e diferenciação progressiva – mutualidade, sindicatos, cooperativas, partidos – não nos surpreenderia se assistíssemos no futuro a um prolongamento desta evolução..." (1966: 86).

tivo. As cooperativas nasceram dentro dessa "nebulosa associativa" inicial, como elemento do movimento operário.

O relevo atribuído a esta relação de pertença não implica o desprezo pela multiplicidade de conexões entre os vários tipos de cooperativas e as circunstâncias históricas, os contextos económico-sociais em que foram evoluindo[77]. Apenas valoriza o elemento de conexão com impacto mais generalizado e menos circunstancial dentro do universo cooperativo. É que, vendo-se bem, este destaque reflete, do modo mais expressivo e autêntico, a decisiva implicação do desenvolvimento capitalista na génese do fenómeno em causa, que se traduz afinal numa forma, mais ou menos direta, mais ou menos explícita, de lhe resistir.

3.5. O movimento cooperativo é uma das maneiras de o movimento operário ser consequência do capitalismo[78]. Ou, por outras palavras, as cooperativas surgem como resposta às dificuldades causadas na vida de

---

[77] Podia olhar-se para o movimento cooperativo, valorizando os seus objetivos e constituindo a partir deles o essencial da sua identidade. Como escreveu Y. Daneau, como vice-presidente da ACI: "O movimento cooperativo, ao nível nacional bem como ao nível internacional, não é um fim em si mesmo. A sua finalidade não é de sobreviver, é a de viver melhor. A Aliança é o meio do movimento cooperativo internacional para responder às questões que lhe põem hoje, o homem e o mundo, e para procurar uma vida melhor para o futuro" (1985: 140). Mas a um caminho deste tipo podiam levantar-se, desde logo, duas objeções. Primeiro: não seria fecundo, numa área tão complexa socialmente e tão pouco estabilizada, isolar os objetivos da ação cooperativa, absolutizando-os como se não tivessem história e não fizessem parte de uma prática social rica e conturbada. Segunda objeção, embora menos forte: ou na vivência cooperativa, algo haverá que se pode considerar um fim em si mesmo, ou o quotidiano experimentado estará em rutura com as finalidades prosseguidas.

[78] As vias mais largas de intercomunicação entre a evolução capitalista e o movimento operário no seu todo, bem como a área cooperativa em si própria, situam-se nos planos económico e social. Não são, todavia, as únicas. Por exemplo, haverá que não esquecer a íntima relação que havia nos primórdios do movimento cooperativo moderno entre a luta política pela democracia, pelo sufrágio universal, pela instrução e educação públicas e as lutas sociais pela igualdade social contra a miséria, protagonizadas pelo movimento operário. Talvez sejam as áreas menos visíveis que ajudem a perceber plenamente certos traços do perfil cooperativo, como seja o seu apego à democraticidade e ao fomento da educação.

amplos sectores da sociedade, nas primeiras décadas do século XIX, pela evolução do capitalismo. É o que WATKINS expressivamente afirma: "São as crises provocadas pela revolução industrial, sob a férula capitalista, na situação e nas condições de vida dos operários e dos camponeses, conjugadas com as consequências dos problemas endémicos da pobreza e da insegurança, que conduziram a uma procura permanente de remédios e à adoção, no fim de contas, da fórmula cooperativa..." (1971: 2)[79].

Procurando compreender como foi suscitada pelo capitalismo a prática cooperativa, Claude Vienney pronuncia-se pela necessidade de se adotar o "ponto de vista dos produtores cujas atividades são "perturbadas" pela generalização do novo modo de produção" (1980: 70). E considera como situados tipicamente nessa posição os "operários-assalariados", mas também os agricultores e os pescadores artesanais. Mais adiante prossegue: "Assim, certas categorias de produtores, para certas atividades "perturbadas" pelas transformações provocadas pelos capitalistas-empresários que estes não reorganizam por si próprios, podem encontrar no agrupamento das suas funções de compra de meios de produção, de mobilização dos seus aforros e de distribuição de crédito, de fornecimento de artigos de consumo corrente, os meios de sair relativamente das situações de dependência que resultam da generalização do capitalismo industrial" (VIENNEY, 1980: 73).

Será que a ótica deste autor permite uma compreensão mais funda do fenómeno cooperativo do que a valorização da sua pertença ao movimento operário?

---

[79] No mesmo sentido, veja-se, por exemplo, Carlos Torres: "A sociedade industrial produto da revolução industrial deu origem por sua vez a diversas reações, entre elas a aparição do socialismo, do sindicalismo e do cooperativismo" (1983ª: 220). Ou ainda, CHAMORRO TURREZ: "Antes de tudo, uma cooperativa é uma instituição que, impulsionada por uma profunda tomada de consciência popular, surge entre os séculos XVIII e XIX como meio de defesa das classes trabalhadoras, perante as violentas mudanças sociais a que tinham dado lugar, por um lado, a transição de uma economia fechada para uma economia de tipo mercantilista, baseada no individualismo e na livre troca; por outro lado, a revolução industrial" (1968: 5).

Claude Vienney, no seu percurso analítico, parte da tentativa de explicar um aparente paradoxo, o de se ter gerado e mantido uma unidade da instituição cooperativa, sendo diversas as suas origens e múltiplos os projetos que as animaram. Tanto mais que, tendo as cooperativas nascido numa certa conjuntura europeia, vieram a ser utilizadas em situações históricas muito diferentes, como é o caso das economias planificadas e dos países em vias de desenvolvimento (cf. VIENNEY, 1980: 13).

Mas esta argumentação não parece suficiente para impedir que se insista em que, embora possa parecer o regresso a uma reflexão menos elaborada, a verdadeira compreensão do fenómeno cooperativo, e chave do paradoxo acabado de referir, pode afinal estar na centralidade da pertença do movimento cooperativo ao movimento operário. E isto, se ele for encarado como o paradigma de todos os movimentos de resistência ao capitalismo, por ser o mais duradouro, o mais amplo e o mais consistente doutrinariamente. Desse modo, as respostas encontradas no seu interior tenderiam a ser naturalmente as mais adequadas para enfrentar as consequências negativas do capitalismo, mesmo quando projetadas em camadas sociais não-operárias. Sendo assim, estaria desfeito o paradoxo que preocupou VIENNEY: as diversas experiências cooperativas sob a aparente heterogeneidade radicavam-se num terreno comum.

E em apoio desta ideia parece militar a própria relevância universal dos princípios de Rochdale, sinal da hegemonia de um setor do movimento cooperativo cuja inserção no movimento operário não oferece dúvidas o que, não apagando diferenças, especificidades e mutações, representa a espinha dorsal de uma identidade[80].

A opção por essa matriz identificadora não pode conduzir a um simplismo nivelador que ignore diferenças e especificidades. Não há, portanto, que pressupor uma realidade cooperativa homogénea. Pelo contrário, é importante reter a sua heterogeneidade, já que ela cor-

---

[80] Esta hegemonia não se traduziu na proeminência de uma das correntes do movimento. Pelo contrário, pode considerar-se consensual, verdadeiro património comum das várias correntes, o que será, porventura, uma das razões da sua perenidade.

responde à existência de várias camadas de interesses no seio do movimento operário e à irradiação da forma cooperativa para espaços sociais não-operários (camponeses, pequenos proprietários rurais, comerciantes, artesãos, pequenos empresários)[81]. Mas essa heterogeneidade tem ainda outras dimensões, como é o caso da multiplicidade de atitudes e de conceções, através das quais se foi encarando a realidade cooperativa, mesmo a partir do interior do movimento operário.

Do mesmo modo, ao longo do tempo é clara a variação de perfis, de atitudes, de simpatias, de distanciamento. O tecido cooperativo é um verdadeiro mosaico multidimensional, cujo desenvolvimento está longe de corresponder a uma trajetória regular. Há áreas de sombra que o fluir dos anos restitui à luz, ao mesmo tempo que recobre de penumbra o que parecia duradouramente ocupar o centro da ribalta[82]. Tudo isto torna extremamente enganador e redutor, tanto o esquecimento de que se está perante uma área do movimento operário, como o menosprezo pelo facto de na sua génese estar uma forma de organização específica, a forma cooperativa[83].

Há um ponto da heterogeneidade referida que exige um pouco mais de atenção, já que se projeta no próprio estatuto das relações da componente cooperativa com as outras, sendo, porventura, um dos elementos que mais seriamente pode pôr em causa a pertença das cooperativas

---

[81] Esta irradiação não contradiz a afirmada relação de pertença ao movimento operário, pois esta envolve uma ligação genética e uma presença dominante, e não uma imagem descritiva ou estatística. É o que adiante se debaterá.

[82] Como mera ilustração, pode citar-se o surto de desenvolvimento das cooperativas de produção, em certos países do ocidente europeu, quando pareceria que se estava perante um ramo quase seco do movimento; e, em sentido contrário, o colapso da cooperação de consumo em alguns países europeus. Diga-se, aliás, que num e noutro caso, se está perante dinâmicas que coexistem com outras inversas e simultâneas, noutros países.

[83] É esta encruzilhada de planos sobrepostos, esta fluidez complexa que torna compreensível a proliferação das questões. Como, por exemplo, a que gira em torno de se saber se o movimento cooperativo, embora nascido no movimento operário, não se terá afastado definitiva e completamente do seu espaço de origem; ou a que, pura e simplesmente, quer saber como pode uma forma única albergar realidades socialmente tão diversas; ou, por outras palavras, qual o elo comum que agrega no seio da forma cooperativa objetivos tão diversos na aparência.

ao movimento operário. Trata-se do facto de as cooperativas transcenderem o espaço social operário.

Certamente que o potencial centrifugador deste aspeto será sempre reduzido, quando se valoriza, como atrás aconteceu, a fidelidade a um código genético onde predomina a conexão com o movimento operário e não a origem social dos cooperadores. É que, como afirmou Francesco Galgano, todos os tipos de cooperativas "mostram o articulado desenvolvimento de um movimento que procura contestar, nas suas mais diversas manifestações, a "lei" capitalista da remuneração do capital, subtrair à aplicação desta "lei" os extratos sociais geradores de mais-valia" (cf. GALGANO, 1981: 251).

Passa depois em revista os diversos casos em que "o fenómeno cooperativo se estende para além do âmbito originário do movimento operário"[84]. E conclui que, mesmo nestes casos, "não trai como pode parecer o espírito originário do movimento cooperativo", já que, mesmo aqui, "a cooperação apresenta-se, tal como nas suas manifestações originárias, como expressão organizada de camadas economicamente subalternas, tais como os agricultores em face dos industriais e dos comerciantes por grosso, ou como os retalhistas perante os intermediários. Ainda aqui, trata-se da vontade de se libertarem da hegemonia de classes economicamente dominantes: a hegemonia da alta ou média burguesia em face da pequena burguesia, a do grande ou médio capital em face do pequeno capital" (GALGANO, 1981: 252).

Claude Vienney e Francesco Galgano tocaram numa problemática relevante que envolve, quer a questão de saber se há uma verdadeira unidade de todos os ramos do cooperativismo, quer a de avaliar a atualidade da relação de pertença do movimento cooperativo ao movimento operário. Se esta unidade for negada, dificilmente se aceitará a pereni-

---

[84] Sublinha que os cooperadores não oriundos do movimento operário pertencem a "camadas sociais", "subalternas em face das classes dominantes". Menciona, como exemplos, a pequena burguesia nas cooperativas de habitação e certos sectores intelectuais em cooperativas artísticas. No entanto, "o aspeto economicamente mais relevante desta tendência expansiva do fenómeno cooperativo é (...) a formação de cooperativas entre os próprios empresários" (GALGANO, 1981: 251), das quais se destacam as cooperativas de empresários agrícolas e as de comerciantes.

dade dessa pertença, embora esta aceitação possa não resultar imperativamente do reconhecimento daquela unidade[85].

Efetivamente, a dinâmica cooperativa, se for considerada como conducente a uma dispersão dos ramos, que irremediavelmente os afaste, dificilmente pode ser compatível com a ideia de que é animada por uma lógica global própria que a conexiona com o movimento operário[86]. Assim, se uma parte das cooperativas nada tem a ver com as outras, não tem sentido pensá-las sequer como conjunto, pelo que não há lugar para inquirir das relações desse todo com outras realidades.

Em contrapartida, se o princípio congregador das ações cooperativas não se radicar no movimento operário, em virtude de se situar num plano mais genérico, nada impede de conceber uma unidade cooperativa definida por parâmetros mais gerais do que os do movimento operário.

Sem menosprezar os escolhos que juncam o caminho de quem opte por tratar a matéria cooperativa como una, não pode deixar de se dar a maior importância à universalidade dos princípios cooperativos[87], quando abrangem todos os ramos, bem como ao facto de na ACI terem, também, lugar todos eles. Essa universalidade e essa amplitude da ACI só se compreendem a partir da ideia da unidade cooperativa. Mas para maximizar a fecundidade deste ponto de vista, é essencial que a caracterização do fenómeno cooperativo seja rigorosa e ágil, para nem o truncar, nem o reduzir a um difuso denominador comum entre os vários ramos[88].

---

[85] Qualquer resposta à segunda questão é, em rigor, compatível com qualquer resposta à primeira, embora a ideia de uma pertença do movimento cooperativo ao movimento operário sugira mais facilmente a sua unidade.

[86] Parece ser essa a perspetiva de Claude Vienney, na obra citada (1980: passim).

[87] Os princípios cooperativos reconhecidos pela ACI e consagrados na ordem jurídico--constitucional portuguesa são comuns a todos os ramos, embora em certos casos possam projetar-se em consequências diferentes conforme os ramos. Sobre os princípios cooperativos pode ler-se Rui Namorado, 1995: passim e 2005: 9-41.

[88] Esta posição, embora seja a que corresponde à ordem jurídica do cooperativismo em Portugal e seja dominante, não significa, é claro, o fecho do legítimo questionar dos seus pressupostos e dos seus desenvolvimentos.

3.6. A pertença originária das cooperativas ao movimento operário é relativamente pacífica, pois as experiências suscetíveis de a porem em causa foram marginais. Pode, contudo, parecer mais justificada a defesa de que essa pertença foi circunstância de um primeiro período, já que a trajetória posterior das diversas componentes, e das cooperativas em particular, conduziu a uma irreversível rutura do movimento cooperativo com o seu espaço social originário; o que pode ter uma aparente confirmação no crescimento relativo de setores cooperativos, como o agrícola, que assim deixaram de ser marginais. Mas a aparente justificação dessa perspetiva está longe de bastar para a impor.

Na verdade, uma observação mais atenta tornará possível retorquir-se convincentemente. É que, como se viu, as cooperativas emergiram no decurso de um processo de diferenciação funcional, ocorrido a partir de um conjunto associativo indiferenciado. A sua especificidade traduziu-se numa autonomia relativa, já que não implicava a rutura com o movimento operário. Era, portanto, uma autonomia significando especificidade, mas excluindo rutura com as outras componentes. Gerou-se uma situação de equilíbrio tenso, entre uma força pressionando no sentido de potenciar a autonomia até a converter numa verdadeira independência, e outra exercendo-se no sentido de manter a ligação da parte cooperativa ao movimento no seu todo. Ficou-se longe de uma verdadeira estabilidade consensual.

Desde cedo, pareceu evidente a precariedade desse equilíbrio e a permanência de uma tensão entre forças opostas. A tentação de uma autonomia tão completa que se tornasse numa verdadeira independência difundiu-se nas hostes cooperativas. O próprio processo de diferenciação, atrás referido, pode ajudar a compreendê-la. Ele suscita a questão de se saber se essa diferenciação traduzirá um irreversível afastamento, gerador de uma mútua e definitiva exterioridade das várias componentes do movimento operário ou, pelo menos, uma rutura da parte cooperativa.

O certo é que, nesta última, as pulsões independentistas foram especialmente fortes, acompanhadas e potenciadas, aliás, por pressões oriundas das outras componentes para a sua exclusão. Mas nem mesmo esta espiral dialética de independência-exclusão conduziu a uma rutura total, inequivocamente irreversível. Pelo que parece reproduzir mais fielmente a realidade, encarar-se a autonomia cooperativa como algo diferente de uma independência, continuando por isso a valorizar-se o movimento operário como o contexto clarificador, no seio do qual permanece o movimento cooperativo. Isto não exclui que essa integração seja um espaço de tensões que deixam em aberto várias vias de desenvolvimento futuro. A metáfora mais adequada para traduzir a ideia que se propõe é a de uma constelação de entidades diversas, porventura com um centro variável e instável, mas nunca a de um tecido homogéneo, onde a margem de autonomia de cada componente fosse reduzida.

Um dos argumentos mais comuns, invocado como suporte da ideia de que há um corte definitivo da área cooperativa com o contexto operário, é a heterogeneidade social dos cooperadores, a que já foi feita referência. Há, de facto, cooperadores que não são operários e organizações cooperativas alheadas de qualquer convergência ou solidariedade com outros tipos de estruturas do movimento operário. Basta, neste último aspeto, lembrar a cooperação agrícola, ou a cooperação de pequenos empresários. No entanto, será bom não esquecer, para não empolar em excesso essa circunstância, que, quer os partidos socialistas e operários, quer os sindicatos, vieram incorporando também membros de grupos sociais exteriores às classes trabalhadoras, com os quais prosseguiram a resistência ao capitalismo e o combate por mudanças sociais no sentido de mais liberdade e mais justiça, sem que isso implicasse a mutação qualitativa da sua identidade. O que está em causa, deste modo, não é uma artificial "transformação" em operários de todos os cooperadores, nem um subtil "esquecimento" dos que entre eles pertençam a outros grupos sociais. Significa, isso sim, a valorização de um património genético, de uma lógica alternativa à do capitalismo, de uma tradição de resistência e de uma atitude democrática inequívoca[89], como linhas de força essenciais do fenómeno cooperativo,

---

[89] Não é linear o modo como as cooperativas ilustram estas linhas de força. Em muitos aspetos, a sua prática pode até contrariá-las, mais ou menos duravelmente. Uma parte da aventura cooperativa está precisamente na leveza do *tonus* normativo dos princípios,

encarado como dinâmica global inserida num contexto histórico que, tornando evidente a sua origem e o cerne da sua lógica, permita compreender melhor a sua evolução.

Como consequência, em qualquer segmento do movimento cooperativo, em qualquer conjuntura da vida cooperativa, as regras, as estruturas ou as práticas que, durável e conjugadamente, materializarem o menosprezo pela pertença das cooperativas à referida constelação, comprometem a sua eficácia e ameaçam a sua sobrevivência. Provavelmente, porão em risco a sua perenidade como empresas; e, com toda a certeza, a sua persistência como prática solidária, socialmente útil.

De facto, é esta a conexão que dá um sentido global à multiplicidade das suas práticas e torna mais fácil avaliar os sucessivos segmentos da sua trajetória. A atmosfera do movimento operário, que a impregna, torna percetível uma hostilidade, mais ou menos assumida, mas sempre presente, em face do capitalismo, como sistema produtor de miséria e de injustiça; e uma ligação forte à luta pelo socialismo, como caminho para melhorar as condições de vida dos trabalhadores.

E como síntese destes dois aspetos de um mesmo inconformismo, há uma presença forte da aspiração histórica por uma sociedade sem exploração nem opressão. Era este o sentido dos ideais cooperativos, simbiose da expressão doutrinária de valores que impregnam a prática quotidiana e da projeção no presente de ambições e esperanças apontadas ao futuro. E se as ideias representam sempre uma preciosa energia propulsora da própria realidade que traduzem, na área cooperativa elas funcionam, se possível, de um modo ainda mais decisivo. Constituindo um forte estímulo ao trabalho cooperativo e sendo o cerne do universo de conceitos e valores que, em conjunto com a experiência do dia-a-dia, são objeto da própria educação cooperativa, essas ideias tor-

---

no espaço de transgressão e de criatividade que faz parte da vivência cooperativa. Por isso, é muitas vezes pequena a distância que separa a saudável ousadia criadora dos cooperadores, da oportunista corrupção dos valores cooperativos. Quase nunca há caminhos abertos, seguros e balizados. A verdadeira autenticidade cooperativa, exigindo conhecimentos rigorosos, é também uma arte de equilíbrio.

nam-se, por esta via, algo de irrenunciável à luz dos próprios princípios cooperativos[90].

3.7. Ora, se a vontade de compreender em pleno o movimento cooperativo obrigou a radicá-lo no capitalismo e a inseri-lo num contexto operário, deve dizer- se que a compreensão do seu ideário, e portanto de um dos seus mais relevantes aspectos, será difícil sem recorrer aos socialistas utópicos. Efetivamente, se o pensamento cooperativo sempre comunicou sincronicamente com o pensamento socialista no seu todo, as suas raízes mais relevantes estão no socialismo utópico. Bastaria lembrar OWEN, quanto à Inglaterra, sabendo-se o peso relativo que teve o cooperativismo britânico na conformação do movimento à escala mundial, para se ilustrar o que acaba de se afirmar. Ilustração reforçada, se for recordado o nome de FOURIER, no que concerne à França, um outro lugar cooperativo de grande relevo[91].

Eles e outros[92] foram precursores, quer do socialismo, quer do movimento cooperativo propriamente dito. É admissível que não tenham compreendido, com total clareza, o alcance histórico dos processos sociais que lhes foram contemporâneos, nem a natureza das forças que neles se enfrentavam, ou os reais interesses que as moviam. No entanto, com a sua recusa ética da ordem capitalista, com a sua capacidade de transformarem muitos dos seus sonhos em projetos de um mundo novo, com a sua determinação de submeterem à prova da prática muitas das suas ideias, criaram uma reserva preciosa de criatividade e de iniciativas para quem chegou depois deles. Disseminaram entre os trabalhadores sementes de revolta, fizeram-nos crer

---

[90] Pode dizer-se que os ideais cooperativos se projetam em dois planos: primeiro, fundindo-se com o movimento social correspondente, em termos genéricos; depois impregnando o quotidiano cooperativo e partilhando o núcleo da sua especificidade.
[91] OWEN marcou profundamente todo o período *"pré-rochedaliano"* do cooperativismo britânico. A influência de FOURIER, quanto à França, ainda que relativamente forte, não se repercutiu na prática cooperativa em termos tão diretos.
[92] Além de OWEN e FOURIER, merecem especial referência SAINT-SIMON, CONSIDÉRANT e CABET, para falar apenas nos precursores mais próximos.

que uma sociedade nova não só era desejável como era possível[93]. Vivendo um protesto aguerrido, não evitaram por completo a volatilidade prática da utopia, uma vez que muitos dos seus projetos não refletiam uma consciência clara das realidades correntes nem se radicavam socialmente, de modo a adquirirem um verdadeiro eco coletivo, um verdadeiro enraizamento social duradouro. Daí a fragilidade de repercussão dos seus pontos de vista, no curto prazo, nos processos de luta social.

E foi, decerto, nesse sentido que ENGELS afirmou: "As conceções dos utopistas dominaram durante muito tempo as ideias socialistas do século XIX... (...). Para todos eles, o socialismo é a expressão da verdade absoluta, da razão e da justiça, e basta revelá-lo para, graças à sua virtude, conquistar o mundo. E, como a verdade absoluta não está sujeita a condições de espaço e de tempo nem o desenvolvimento histórico da humanidade, só o acaso pode decidir quando e onde essa descoberta se revelará" (1962: 39). Ora, esta aspiração de absoluto e a relativa intemporalidade dos modelos utópicos, que estiveram longe de entusiasmar ENGELS, terão sido das vias mais notórias da influência dos socialistas utópicos na gestação do cooperativismo. E isto porque este, especialmente na sua primeira fase, combinou o entusiasmo de uma doutrina utópica erigida em absoluto, com um conjunto de realizações que mediatamente refletiam essa doutrina. Tratava-se, não só de grandes projetos de um futuro melhor, mas também de experiências práticas geradoras de um quotidiano diferente, onde se procurava transformar a utopia em vivência[94].

---

[93] Referindo-se a SAINT-SIMON, FOURIER e OWEN, escreveu ENGELS: "Traço comum aos três é que não atuavam como representantes dos interesses do proletariado, que entretanto surgira como um produto histórico. Da mesma maneira que os enciclopedistas, não se propõem emancipar primeiramente uma classe determinada, mas, de chofre, toda a humanidade. E, assim como eles, pretendem instaurar o império da razão e da justiça eterna" (1962: 31).
[94] Podem recordar-se as experiências de OWEN, em New Larnack, na Escócia e, mais tarde, a de "New Harmony", no Estado de Indiana nos USA, bem como os "falanstérios" idealizados por FOURIER e potenciados por V. Considérant (cf. DRIMER, 1975: 208 e ss; LAMBERT, 1975: 33 e ss; MLADENATZ, 1969: 26 e ss, e 41 e ss).

Pode dizer-se que, tendo produzido uma doutrinação de revolta, fortemente impregnada por uma ética de alternatividade, os socialistas utópicos estavam desprovidos de um sólido enraizamento social de uma verdadeira base social de apoio, o que lhes enfraqueceu drasticamente o potencial efetivo de transformação direta da sociedade.

Mas as suas ideias não se perderam: amadurecidas e transfiguradas, estiveram presentes na afirmação doutrinária do movimento operário e em muita das suas vivências. Neste aspeto, destaquem-se as práticas cooperativas, muitas vezes próximas de reproduzir experiências ou propostas dos socialistas utópicos. Na verdade, emergindo do associativismo primitivo, a cooperação foi-se instituindo como forma alternativa de estar na vida económica, onde a entreajuda e o auxílio mútuo, a vivência democrática e a luta contra a miséria, assinalavam a especificidade dessa sua presença.

Este fundo ideológico comum, partilhado pela prática cooperativa e pelos socialistas utópicos, e que os tornou seus precursores, está bem evidenciado nestas palavras de MAZZINI dirigidas a HOLYOAKE: "Séria e ansiosamente assisti à difusão da ideia cooperativa como o princípio de uma imensa revolução social, a qual fará pelas boas relações entre os homens mais do que dezoito séculos de cristandade, e, uma vez que evitam cair num egoísmo material, ao ocuparem-se de todos os problemas morais, intelectuais e económicos, e ao simpatizar com as suas diferentes manifestações, eu encaro as classes trabalhadoras inglesas e europeias como um elemento de importância primordial no futuro" (1986: 286).[95]

3.8. Estará, talvez, nesta linhagem utópica a raiz de uma ambiguidade do movimento cooperativo. É uma ambiguidade que se exprime numa

---

[95] Numa outra carta escrita por G. Mazzini ao mesmo destinatário, ele demarca-se de BABEUF e CABET, mas também de SAINT-SIMON e de Louis Blanc, em nome da cooperação. Considera-a uma "associação de trabalhadores voluntários, que produzem, servindo-se de um capital próprio, e portanto tiram proveito de todos os frutos da produção, encarando o trabalho como base da propriedade"; "o capital para a produção pertence indivisivelmente à Associação; os benefícios são distribuídos de acordo com o trabalho realizado e são propriedade individual de cada sócio" (MAZZINI, 1986: 285).

tensão sempre viva entre a vocação alternativa, inscrita no projeto cooperativo como insubstituível horizonte, e a sensibilidade quotidiana perante os problemas concretos, traduzida num pendor indisfarçável para os enfrentar e tentar resolver. E, olhando para esta tensão com pessimismo, pode recear-se que um horizonte excessivamente ambicioso perturbe a eficácia do agir quotidiano, ou que a omnipresença dos problemas deste corrompa a largueza daquelas ambições. Será este ter de caminhar sobre "o fio da navalha" uma perigosa herança, apenas recebida pela área cooperativa? Não enfrentarão as outras componentes do movimento operário a imperatividade de percursos de risco semelhante?

No plano sindical, vem à lembrança uma tensão dilemática entre o ímpeto coletivo, de que o mito da greve geral foi a expressão paradigmática, e a paciente teia de pressões dirigidas à obtenção das pequenas vantagens que vão ser decisivamente sentidas no dia-a-dia dos trabalhadores[96].

No plano político, vem logo à lembrança o clássico dilema que opõe reforma e revolução, marcado pela necessidade de não se promover uma transformação tão vagarosa que se permita que o "velho" digira "o novo", nem tão brusca que se rompa o tecido social, estimulando-se um acréscimo de resistência à mudança[97].

---

[96] Esta questão suscitou o célebre texto de Rosa Luxemburgo, *Greve de Massas, Partido e Sindicatos.*

[97] No prefácio de *Réforme sociale ou révolution?*, Rosa Luxemburgo procura superar o dilema: "O título desta obra pode surpreender à primeira vista. Reforma social ou revolução? A social-democracia pode ser contra as reformas sociais? Ou pode impor a revolução social, a destruição da ordem estabelecida, que é o seu objetivo final, à reforma social? Certamente que não! Para a social-democracia, lutar no próprio interior do sistema existente, dia após dia, pelas reformas, pela melhoria da situação dos trabalhadores, por instituições democráticas, é a única maneira de se empenhar na luta da classe proletária e de se orientar para o objetivo final, quer dizer de trabalhar para conquistar o poder político e abolir o sistema do salário. Entre a reforma social e a revolução, a social-democracia vê um elo indissolúvel: sendo a luta pela reforma o meio, e a revolução social o objetivo final" (1969: 16). No entanto, este texto de impiedosa crítica a BERNSTEIN, não só menosprezou na verdade as virtualidades do combate por reformas, como se revelou pouco sensível ao radicalismo antirreformista, que mais tarde levariam Rosa Luxemburgo a criticar a Revolução Russa.

Parece, deste modo, que é da própria natureza, não de uma, mas das principais componentes do movimento operário, possuírem, inscrita no próprio cerne, uma tensão conflitual, uma subtil ambiguidade.

Isto não significa que se deva deixar de atender ao fluir das coisas, ao seu desenvolvimento. É que nos tempos mais recentes parece estar a ocorrer uma mutação no panorama esboçado. Uma mutação expressa na tendência para o apagamento das vertentes mais fortes das áreas políticas e sindical, ao mesmo tempo que em contrapartida a vertente alternativa e transformista, a vocação globalizante do cooperativismo, dá sinais de poder vir a carregar-se de novas potencialidades[98].

A presença das duas vertentes referidas, em cada uma das três componentes, projeta-se muito significativamente nas relações entre elas. De facto, a proeminência da via reformista, no plano político, e a prevalência das lutas por objetivos imediatos e limitados, no plano sindical, favorecem uma maior proximidade com a ação cooperativa. Em contrapartida, é o pendor globalizante das estratégias cooperativas que maior abertura suscita em face das outras componentes[99].

3.9. Através de múltiplos relances, de uma diversidade de ângulos de abordagem, estabeleceu-se um quadro esclarecedor da complexidade

---

Maior parece ter sido a capacidade superadora do dilema em causa, revelada nos anos 60 do século XX, por André Gorz em *Réforme et révolution*, através do seu reformismo revolucionário (cf. GORZ, 1969: passim; e SARTRE, 1972: 157).

[98] É, por enquanto, apenas de potencialidades que se trata. A prática cooperativa não revelou ainda uma pujança manifesta, como geradora de horizontes. Todavia, não há dúvida que beneficiou já com o colapso dos modelos coletivistas de Estado e com a persistente impotência do capitalismo para resolver os mais dramáticos flagelos sociais que fustigam a humanidade. Em paralelo, devem ser valorizadas as dinâmicas sociais suscitadas pelas novas sinergias formais que fizeram reemergir a economia social, carregada por uma alternatividade crescente, com o estímulo da ideia de uma economia solidária cada vez mais claramente inscrita num pós-capitalismo desejado.

[99] Há aqui uma assimetria que vale a pena sublinhar. São as vertentes que metaforicamente se podem qualificar como "fortes", as que pior combinam no plano sindical e político com as práticas cooperativas; pelo contrário, é a vertente "fraca" destas últimas a que melhor se ajusta às pulsões autonomistas.

e da fluidez do estatuto das relações entre o movimento cooperativo e os outros sectores do movimento operário. Antes de se procurar uma síntese, capaz de transmitir uma hipótese crível de caracterização, parece oportuno ir um pouco mais longe na avaliação das razões do independentismo cooperativo, confrontando-as com as que se lhe opõem.

Nem quanto às organizações políticas socialistas e operárias, nem quanto aos sindicatos, se geraram dúvidas significativas sobre a respetiva ligação ao "tronco comum do movimento" (cf. MONZÓN, 1989: 92). A questão da rutura, da independência[100], foi apenas suscitada, com alguma relevância, no que concerne às cooperativas. Será que isso se deve ao facto de a dinâmica diferenciadora, através da qual evoluiu o bloco associativo primário, ter ido mais longe neste último caso?

Um olhar sobre os processos sociais concretos permitirá constatar que o ganhar de rosto e identidade própria, de cada uma das áreas em causa, não teve essa assimetria. Traduziu-se num desabrochar de complexidades, num crescer de tensões, mas não produziu um estilhaçamento irreversível[101]. A ação política afinou os seus instrumentos de luta pelo poder, a ação sindical concentrou-se na defesa do salário, a ação cooperativa produziu uma intervenção empresarial na arena

---

[100] Em *Cooperativismo e Direito* (1979: 62 e ss) foi usado, por Rui Namorado, o termo "autonomização", e não o de "independência", para designar este fenómeno. No entanto, ficar no campo semântico da "autonomia" poderia fazer crer que se discutia a especificidade cooperativa. Ora, na verdade, o que se questiona é a efetividade, a medida e a irreversibilidade de um corte: ou seja, a independência. Nesta perspetiva, pode dizer-se que a especificidade cooperativa materializada pelo processo diferenciador que a originou é já uma autonomia. Pode depois discutir-se o seu grau, as distorções que a perturbem, mas não tem sentido questioná-la em si própria.

[101] Na economia deste trabalho, não cabe uma análise mais profunda da heterogeneização do tecido que compunha de início o movimento operário. Todavia, o que acaba de se dizer parece pacífico, se disser respeito ao tempo de amadurecimento do movimento sindical e dos partidos operários. Na atualidade, a crise dos sindicatos e de diversos partidos operários pode reabrir toda esta problemática. A emergência da economia social como possível galáxia, onde se integra a constelação cooperativa, pode vir a fazer crescer a complexidade de todo este espaço, mas também o seu potencial futurante.

socioeconómica[102]. Estruturalmente, não se deteta nenhuma distinção evidente entre os três caminhos de especialização-diferenciação[103]. Pode afastar-se, portanto, a ideia de que o independentismo cooperativo foi expressão fiel e objetiva de uma realidade estrutural.

No entanto, se esta não o impunha, não quer dizer que o excluísse com nitidez. De facto, a própria existência da ACI, a partir de 1895, deu materialidade e suporte organizativo à independência cooperativa[104], tanto mais que essa atitude se coadunava com a visão dos socialistas cristãos ingleses que tiveram grande influência nos primeiros passos da Aliança (cf. WATKINS, 1971: 11 e ss.), e a mantiveram durante algum tempo. O caminho da independência era invocado como purificador da identidade cooperativa. Era como se essa atmosfera político-ideológica fosse tanto mais saudável quanto menos resíduos exteriores contivesse, fossem eles provenientes das outras componentes do movimento operário, fossem vestígios da primitiva nebulosa associativa[105].

Não se julgue que esta é uma questão formal e pouco relevante. Efetivamente, a conexão do cooperativismo com o socialismo, sendo forte, não o foi suficientemente para obstar à interferência nesse processo de outras posições político-sociais. É conhecida a componente católica

---

[102] José Luís Monzón é um dos autores que valoriza inequivocamente a diferenciação: "Que a partir da experiência de Rochdale se inicia ao longo da 2ª metade do sec. XIX uma progressiva pluralização e especialização do movimento cooperativo em diversos movimentos é algo de perfeitamente constatável, assim como o progressivo desengajamento do tronco comum do movimento operário e sindical" (1989: 92). E mais adiante: "Em geral, pode afirmar-se que a segunda metade do século XIX conhecerá na Europa um progressivo distanciamento do movimento cooperativo quanto ao movimento operário e uma marcada especialização no seu seio" (1989: 100).

[103] Num importante texto, Edwin Morley-Fletcher distingue com clarividência o que significa a intervenção do movimento operário nestes três planos, identificando em síntese a ação cooperativa como aquela que usa a empresa, ou seja, "o principal instrumento até aqui historicamente utilizado para navegar nas incertezas da economia" (1986: XXXIII).

[104] J. L. Monzón insere claramente a criação da ACI na dinâmica de distanciamento, em face do resto do movimento operário (1989: 100).

[105] Estará neste cooperativismo, que apenas se vê a si próprio, a génese de uma distorção potencialmente de tanta atualidade, como é a que pretende extirpar da identidade cooperativa tudo o que não diz respeito à sua empresarialidade?

do cooperativismo operário[106] e a conotação liberal de outros aspetos do pensamento e da vivência cooperativa[107]. Ora, a área não-socialista tendia a adotar posições favoráveis à independência cooperativa. Pelo que, mais do que circunstancial opinião num ou noutro sentido, o que quase sempre está em causa, na questão em análise, é a própria maneira de encarar o cooperativismo.

Todavia, se as pulsões independentistas não devem ser ignoradas, também se não podem esquecer os seus limites, bem como o facto de não terem conduzido, até hoje, a uma rutura tão irreversível que perdesse sentido valorizar a pertença a um mesmo conjunto. É que, para além de uma evidente autonomia, que exprime uma inequívoca especificidade, e de uma aparência, mais ou menos ostensiva, que sugere a ausência de quaisquer ligações, o que se afigura como determinante é a hegemonia clara no universo das cooperativas daquelas que se pautam pelos valores e objetivos oriundos do movimento operário, bem ilustrada pela universalidade dos princípios de Rochdale[108].

Ou seja, a evolução cooperativa, geradora de uma autonomia, no seio das organizações historicamente constituintes do movimento operário, conduziu ao que, por vezes, pode aparentar ser uma verdadeira independência com rutura de quaisquer elos, mas que na verdade é apenas a persistência de uma identidade cooperativa que traduz a prevalência dos valores e dos princípios, que se radicam numa cooperação sobre determinada pela sua integração no movimento operário.

---

[106] Basta lembrar a forte presença organizada da cooperação católica, quer no movimento cooperativo belga, quer no italiano. Mas, a par doutras correntes cristãs, como se verá, ela esteve presente noutros países. Para um panorama sumário da contribuição de cristãos para o desenvolvimento do cooperativismo, pode recorrer-se a SCHNEIDER (1990: 28 e ss).

[107] É claro que quanto à concorrência com o socialismo, no quadro do movimento cooperativo deve ter-se em conta, não só a cooperação assumidamente não-socialista dentro do movimento operário, mas também a extra-operária que quase sempre foi não-socialista.

[108] Esta hegemonia torna pertinente que se pergunte se muitas vezes, por exemplo, as cooperativas católicas foram armas de concorrência com o socialismo no seio do movimento operário, ou ilhas cooperativas dentro do conservadorismo político das organizações católicas.

Naturalmente que, ao lado das posições favoráveis à independência cooperativa, sempre se manifestaram outras, de sentido oposto[109]. E, quase sempre, como expressões e estímulos de dinâmicas sócio cooperativas, entre as quais dois exemplos merecem ser evocados.

Um, refere-se ao período anterior à Primeira Guerra Mundial, em que o fator de aglutinação mais expressivo foi o que se traduziu na solidariedade, na colaboração, na articulação, na convergência, das cooperativas com os sindicatos e os partidos socialistas e operários, enquanto entidades encaradas em si próprias, no quadro dos seus objetivos históricos partilhados[110].

Outro ocorreu mais tarde, com o prevalecer das ideias que traduzem essa dinâmica agregadora, inserindo a prática cooperativa no processo global de desenvolvimento da sociedade, no âmbito do qual se articulam com as outras componentes do movimento operário. Esta abertura social da cooperação tem vindo a ativar-se por duas vias. Por um lado, cresce a importância do papel desempenhado pelas cooperativas nos projetos de desenvolvimento dos países antes chamados do terceiro mundo e nos projetos de desenvolvimento originário de outros países, como, por exemplo, Portugal. Por outro lado, tem vindo a afirmar-se, em certos países europeus, a ideia de uma conjunção das cooperativas com outras entidades, dirigida a constituir um bloco socioeconómico distinto, quer do sector público, quer do sector privado capitalista[111].

---

[109] Eram mais fortes nos países em que a realidade cooperativa estava mais entrelaçada com outras estruturas de trabalhadores, no seio de conjuntos por vezes dotados de uma expressão orgânica formal. Variaram compreensivelmente ao sabor das circunstâncias, sendo mais intensas nos períodos de maior conflitualidade social.
Note-se até, que no interior de segmentos católicos do movimento, em abstrato mais próximos de posições independentistas, suscitaram-se apreciáveis graus de comunicação das cooperativas com outras estruturas resultantes do próprio imperativo concorrencial, em face da cooperação socialista. O caso da Bélgica é neste aspeto paradigmático.
[110] Foram múltiplos os exemplos de apoio prestado por cooperativas a grevistas no decurso dos conflitos mais graves. Nos países de forte integração das organizações operárias, era normal que as cooperativas mais sólidas apoiassem financeiramente estruturas sindicais e políticas.
[111] A conjunção de cooperativas com outras entidades, tais como mútuas e associações, emergiu, por exemplo, em França sob a denominação de economia social. Algo de seme-

Ou seja, entre os aspetos mais marcantes da realidade cooperativa que parecem contrariar o independentismo, destacam-se dois fios condutores: o primeiro parte da ideia de que a eficácia cooperativa só verdadeiramente se consegue, em conjunção com outras constelações organizativas; o segundo assenta no empenho em participar em processos de desenvolvimento e na convicção que isso terá eficácia, no âmbito de uma colaboração com entidades afins.

No entanto, a mais consistente proposta de uma teoria contrária à separação das cooperativas do contexto donde são oriundas, foi formulada em França no princípio do século XX, tendo sido J. Jaurés um dos seus mais hábeis paladinos. Trata-se da teoria baseada na ideia de que o movimento operário se alicerçava em três pilares, o político, o sindical e o cooperativo. Henri Desroche viu nela a capacidade de contribuir para "mandar para o museu os anátemas de antanho" (1976: 89), ajudando a promover uma indispensável colaboração entre os "três pilares". Foi, aliás, JAURÉS quem escreveu em 1912, refletindo júbilo pela conciliação entre os cooperadores franceses: "Ela [a cooperação francesa] tomará uma consciência mais vigorosa de si própria, do grande papel de transformação social que lhe é atribuído, quer pelos socialistas, quer pelos verdadeiros cooperadores proletários. Será um dos órgãos da classe operária que pela tripla ação política, sindical, cooperativa, preparam a sua emancipação integral" (JAURÉS, 1977: 185).

Tem um significado identificador irrecusável o facto desta teoria dos três pilares do movimento operário ter sido formulada em França num período em que se consumou um processo de unificação dos coopera-

---

lhante se passou em Espanha. Em Portugal, as cooperativas somam-se a outras estruturas de atividade económica para serem abrangidas na *CRP* por uma única categoria: o sector cooperativo e social. Hoje, na União Europeia está plenamente enraizado o conceito de economia social. Em Portugal, em Fevereiro de 2010, consumou-se a transformação do antigo INSCOOP, instituto público que tutelava as cooperativas portuguesas, numa régie cooperativa (ou cooperativa de interesse público), a **Cooperativa António Sérgio para a Economia Social,** que, como o próprio nome sugere, envolve não só cooperativas, mas também outras componentes da economia social, tais como, associações, mutualidades, misericórdias e IPSS. E, claro, absorve, por via da participação pública, os poderes de autoridade antes detidos pelo INSCOOP.

dores franceses, pela fusão da organização dos cooperadores socialistas com uma outra liderada por Charles Gide. É que essa unidade gerou-se num quadro de colaboração com outras componentes do movimento operário, indiciando uma fase de grande proximidade entre todas elas, percetível aliás em anos próximos no plano internacional[112]. Assim se exprimiu uma perspetiva congregadora das diversas componentes, potenciada pela colaboração entre as correntes político-ideológicas mais significativas, dentro de cada uma delas.

No entanto, isto não significava, de modo nenhum, que assim se estivesse a hipotecar a autonomia de cada uma das componentes. Apenas se valorizava, a par dela, uma atitude solidária e cooperativa, respeitando-se limites, mas evidenciando-se complementaridades. Não se tratava, portanto, de descrever simplesmente a contiguidade de três áreas sociais e um sistema estável de relações. Tratava-se de propor um espaço social vivo, onde vários movimentos se afirmariam em entreajuda[113].

Genericamente, pode afirmar-se que o movimento cooperativo foi o pilar mais frágil[114], porventura, por ser o mais distanciado da zona propulsora do movimento operário, ora predominantemente ocupada pela área política, ora pela área sindical. As relações entre as três dinâmicas eram instáveis. Entre sindicatos e partidos, a tensão conflitual mais frequente radicava-se na disputa pela hegemonia. Deveria o sindicato ser correia de transmissão do partido? Ou deveria o partido, pelo contrário,

---

[112] Alude-se à convergência ocorrida em 1910, através dos Congressos da Internacional Socialista e da Aliança Cooperativa Internacional, que tiveram lugar em Copenhaga e Hamburgo, respetivamente.

[113] A nebulosa associativa inicial foi fruto automático das circunstâncias históricas e sociais. O possível novo bloco, a possível nova constelação seria o resultado de vontades coletivas dirigidas e organizadas. E é precisamente o facto de os elementos da nebulosa, conquanto afastados, não terem rompido irreversivelmente as suas conexões, que tornou mais fácil e possível uma nova teia de relações que os reaproxime e os conduza a uma maior eficácia. É o que tem vindo acontecer com o regresso da economia social.

[114] Dizer que a componente cooperativa foi genericamente a mais frágil, não significa que o tenha sido sempre e em todos os casos. Basta lembrar a Bélgica e recordar como as cooperativas colaboravam na recuperação após as lutas sociais, períodos em que os golpes sofridos pelos sindicatos os colocavam muitas vezes numa posição vulnerável.

ser o porta-voz na esfera política das pretensões sindicais? Ou haveria que se estabelecer uma interação funcional, com uma tácita divisão de tarefas?

Esta tensão conflitual nunca suscitou, todavia, a hipótese de um movimento operário desprovido da área sindical. O mesmo se pode dizer quanto à respetiva componente política – se não for dada importância a algumas correntes marginais de reduzida projeção que conceberam a luta operária reduzida no essencial aos sindicatos, sem recurso ao protagonismo dos partidos políticos, como aconteceu com o sindicalismo revolucionário; ou traduzida em estruturas dinâmicas e precárias de democracia direta, sem recurso às formas organizativas políticas clássicas, como aconteceu com os conselhistas[115].

A fragilidade relativa do "pilar" cooperativo, como elemento do movimento operário, torna compreensível que a sua relação de pertença tenha sido frequentemente contestada, com tanto mais intensidade, quanto mais elevada fosse a conflitualidade sociopolítica vivida pela classe trabalhadora. Como se poderiam esperar com paciência os lentos frutos da ação cooperativa, quando o dramatismo das situações apelava a todas as urgências?[116]

Mas não era este o único ponto de fricção. Como WATKINS escreveu, reportando-se à realidade francesa dos finais do século XIX: "a colaboração não era fácil entre os que viam na cooperação uma arma na luta das classes e os que a consideravam como um meio de chegar à harmonia social que retiraria o objeto a essa luta" (1971: 25). Na verdade, a resistência ao capitalismo integrada num horizonte de libertação não era partilhada por todos. Muitos se assumiam como fator de arrefe-

---

[115] Está aqui em causa, note-se, apenas a existência de pontos de vista que concebem o conjunto de movimento operário como algo de completo sem a presença de pelo menos um partido político que o integre. Discordar desta perspetiva não tem, por isso, qualquer ligação com a existência de casos concretos, deste ou daquele país, nesta ou naquela época, em que não existe um partido político operário ou, se existe, tem uma força quase nula.
[116] Mais recentemente, pode dar-se conta de uma versão mais radical da exterioridade do político em face do movimento operário, desvalorizando a energia de alternativa política deste, e dando-lhe como áreas principais a ação sindical e a cooperativa (cf. ROSADO, 1988: passim).

cimento dos conflitos, afixando alguns opções ideológicas de alternativa ao socialismo ou mesmo frontalmente hostis aos seus pressupostos (cf. GUESLIN, 1987: 93 e ss).

Ora, a própria natureza do fenómeno cooperativo agravou a virulência destes fatores de distanciamento. Num tempo de lutas sociais extremamente duras, em agrestes condições político-jurídicas, com sindicatos e partidos em fase de afirmação, submetidos a implacáveis adversidades, era difícil uma serena aceitação universal, no seio da classe trabalhadora, da atitude pragmática das cooperativas, ou do seu modo lento de produzir resultados. Simetricamente, nestas ganhava naturalmente terreno a ideia de que uma plena independência que as colocasse no exterior do movimento operário seria um fator de eficiência económica. Quanto mais fossem "apenas cooperativas" mais longe estariam da "linha de fogo", melhor poderiam funcionar. Será que este distanciamento, evidenciando uma textura própria do tecido cooperativo é, afinal, uma verdadeira objetivação da sua independência?

Esta fluidez é um terreno fértil para alimentar a controvérsia acerca da caracterização do movimento cooperativo, uma vez que acaba por, aparentemente, não recusar, por completo, um mínimo de suporte objetivo a qualquer das posições em confronto. Talvez, por isso, tenha vindo subtilmente a assumir-se como evidência uma das posições que maior apoio parece colher na aparência mais superficial da realidade cooperativa. É a que, esquecendo a multiplicidade de caminhos possíveis, dá sumariamente por extinta qualquer ligação às outras áreas do movimento operário. Considera ela que a fisionomia originária do movimento cooperativo se alterou irreversivelmente, devendo ele, por isso, ser encarado exclusivamente em si próprio, como um objeto independente, do qual pode e deve ser extirpada a consideração da sua génese (cf. CORREIA, S., 1965: 22 e ss).

Daí o facto de se recusarem a ver nele mais do que um simples fator de correção de algumas das arestas mais toscas do capitalismo; e, consequentemente, o encararem como um simples ocupante precário de espaços económicos marginais. Por isso, veem, como núcleo da sua identidade, a sua plasticidade e a sua adaptabilidade a qualquer sistema económico, bem como a sua complementaridade quanto a todos eles. Alheiam-se hoje de qualquer hipótese de ver no cooperativismo uma alternativa a prazo ao capitalismo, tal como já antes acontecia, quer quanto a este último, quer quanto ao próprio coletivismo de Estado[117-118]. Reivindicam o mérito de serem eles quem encara o movimento cooperativo com plena autenticidade, sem hipotéticas cargas ideológicas que dificultem a sua compreensão. Parecem pressupor que a conotação operária e movimentista impregna o fenómeno cooperativo de um dever/ser que dificulta a plena perceção do que é; como se a doutrina cooperativa impedisse o pleno desenvolvimento de uma verdadeira teoria cooperativa[119].

---

[117] Carlos Torres y Torres Lara (1983: 21 e ss) elaborou um sugestivo quadro das principais "correntes do cooperativismo moderno", dividindo-as "a partir do papel que lhe atribuem na sociedade". Distinguiu entre as que encaram o "cooperativismo como apoio dentro do sistema", "como contribuição para a mudança" e "como futura estrutura socioeconómica". Para a primeira, considerada a mais conservadora, "o sistema capitalista tinha imperfeições ou excessos que era preciso corrigir". Para a segunda, "o movimento cooperativo pode ser utilizado nos diversos países com o fim de conseguir a transformação da sociedade até uma via socialista humanista, quer operando a partir do capitalismo, quer do socialismo real ou estatista". Na terceira, tributária dos vários construtores de projetos cooperativos, podem detetar-se três subcorrentes: para a dos consumistas, a proeminência da futura sociedade cooperativa é atribuída às cooperativas de consumidores; para a dos laboristas, prevalecem basicamente as cooperativas de trabalhadores; para a dos integracionistas, podem conciliar-se as outras duas vias de desenvolvimento cooperativo.

[118] TOTOMIANZ (1938: 195) olha para o cooperativismo como "síntese do capitalismo e do socialismo" que "reúne em si mesmo o materialismo do capitalismo e do socialismo com o idealismo das religiões". Por isso, "o regime cooperativo não abolirá completamente o capitalismo; deixar-lhe-á alguns ramos da grande produção; não abolirá a função económica do Estado, deixando-lhe a administração dos caminhos de ferro; mas quase toda a agricultura, o comércio e a maior parte da indústria serão cooperativizados". Será que as propostas concretas do autor incorporam uma maior alternatividade do que aquela de que ele parecia ter consciência?

[119] Uma distinção radical entre teoria e doutrina no campo cooperativo não é destituída de inconvenientes. A doutrina pode ter uma conotação que a liga a perspetivas futurantes de dever-ser, emprestando-lhe uma carga normativa. A teoria pode propor-se como conceituação em torno do que é, explicação do real efetivamente existente. À primeira, tenderá a considerar-se ideológica; à segunda, científica. Ora, a ausência da energia normativa no objeto da segunda pode truncá-lo irremediavelmente, sendo certo que o mesmo acontecerá se lhe for retirada a sua dimensão diacrónica. Melhor será por isso incorporar todas as manifestações doutrinárias na realidade cooperativa de que se ocupa a teoria.

No entanto, esta perspetiva está longe de ser uma expressão fiel da objetividade dos factos, ou a cristalina formulação de uma indiscutível evidência. Pelo contrário, limita-se, quase sempre, a ser pouco mais do que a aceitação acrítica das aparências mais ostensivas, numa superficialidade, por vezes, surpreendente. Ela reduz as cooperativas a meras engrenagens empresariais, absolutizando a sua funcionalidade imediatista, olhando-as como entidades cortadas da sua circunstância e desprovidas de história.

Contudo, ignoradas as suas raízes, esquecida a globalidade da sua lógica de movimento, a partir de que elementos se pode garantir a salvaguarda da sua especificidade? Não se vislumbram outros; pelo que, o significado objetivo da posição em análise é o de valorizar na atividade cooperativa tudo o que a assemelhe a uma prática empresarial comum e o de reduzir o horizonte cooperativo a uma complacência sem limites para com o capitalismo dominante. Ou seja, é uma perspetiva liquidacionista, à luz dos valores cooperativos.

Sublinhe-se que a recusa do independentismo não tem de conduzir a qualquer visão mítica da realidade cooperativa[120]. Pelo contrário, ao incorporar a trajetória do fenómeno cooperativo em toda a sua contraditoriedade, sem lhe esquecer as raízes, cria as melhores condições para um rigoroso realismo. E só assim se pode atingir uma objetividade autêntica, onde não caiba a rendição perante as aparências.

O pensamento cooperativo verdadeiramente fecundo não se cansa de procurar pontos de equilíbrio entre a eficácia empresarial e a plena vivência associativa, no quadro de uma sempre aberta reflexão sobre os princípios cooperativos. E essa é uma procura necessariamente impregnada pela ideia de que os polos, cujo equilíbrio se tenta, podem estimular-se mutuamente, se forem bem compreendidos e adequadamente praticados; bem como pela convicção de que absolutizar qualquer deles faz correr um sério risco de degradação cooperativa. É pois

---

[120] É certo que alguns dos seus seguidores podem partilhar essa visão acrítica, pactuando com a ineficácia empresarial em nome de uma pseudo-pureza de princípios. Serão apenas os que não percebam o que está hoje em causa, talvez por verdadeiramente desconhecerem a história do movimento cooperativo.

necessário ter sempre presente o imperativo de uma pesquisa permanente no património histórico do movimento operário e de uma atenção vigilante quanto à complexidade e à riqueza vivencial da atualidade cooperativa[121].

Parece claro que a ideia mais capaz de sintetizar o essencial das características do movimento cooperativo é a de um processo evolutivo aberto, no qual tem permanecido uma conexão, povoada de tensões, com os fenómenos que com ele deram materialidade ao movimento operário. É, por isso, uma via conceptualmente fecunda identificar o movimento operário, enquanto fenómeno histórico em evolução, como uma constelação social que se mantém agregada por um sistema de forças, onde cabe a plena autonomia de cada uma das partes.

As distâncias que entre elas mediam e as tensões que as articulam são variáveis. Há circunstâncias e períodos em que quase parece que a constelação se desvaneceu, mas as dinâmicas de afastamento não têm, até agora, fechado as portas à reversibilidade dessas episódicas fragmentações. O facto de se ter evoluído, de uma paisagem com maior continuidade e mais homogeneidade para uma constelação diversificada, pode ter suscitado a aparência de uma rutura ou de uma independência recíproca das diversas componentes.

Mas, no que diz respeito ao movimento cooperativo, o conhecimento das vicissitudes passadas mostra que cedo se defrontaram dentro dele pulsões independentistas com outras de sinal contrário. A independência não pode assim ser encarada como simples alvo de uma aspiração resultante e potenciadora de uma separação recente. E a isso se soma, por outro lado, uma sensibilidade crescente no sector cooperativo quanto à importância que pode ter a participação em processos de desenvolvimento social, no âmbito dos quais se podem suscitar novos tipos de relacionamento com as outras componentes clássicas do movimento operário (cf. DESROCHE, 1983: 168 e 205).

---

[121] Essa atenção não pode, sob pena de esterilidade, limitar-se ao fenómeno cooperativo em si. Pelo contrário, implica uma abertura aos grandes problemas da sociedade atual. De facto, agir cooperativamente é um inconformismo perante a injustiça, a incompletude e a imperfeição; é um fazer por si, sem esquecer os outros.

3.10. Torna-se, por isso, concebível uma certa reversibilidade no processo de distensão dos elos entre as várias componentes da constelação referida, porventura, originando, não um regresso ao passado, mas um reanimar dos valores básicos das várias partes, vivificados por uma nova dinâmica, dando corpo a um novo conjunto. Será excesso de utopia crer na possibilidade de uma nova constelação económico-social exterior à lógica capitalista, num tempo em que parece absoluto o seu reinado?

Talvez, mas um olhar verdadeiramente atento capaz de ver o capitalismo até ao fundo, encontrará mais facilmente imagens de fracasso, de impotência ou de incompletude, do que a confirmação segura de irreversíveis êxitos e da perenidade dos equilíbrios conseguidos. O coletivismo de Estado, versão burocrática e estatista de um socialismo onde afinal não chegou, protagonizou uma ostensiva agonia, primeiro através do desmoronamento soviético e depois pela, aparentemente, irreversível deriva capitalista do modelo chinês. Ganhou assim o capitalismo um novo espaço e algum tempo, mas não se transformou, tornando-se naquilo que nunca foi. Por isso, a nova conjuntura não proscreve caminhos renovados e projetos de futuro, exige-os ainda mais veementemente. Nada obsta, desse modo, a que se explorem e experimentem novos caminhos e novas atitudes.

O bloco associativo do século XIX traduziu-se, mesmo ao longo do período da sua maturação diferenciadora, numa verdadeira autodefesa dos dominados, como se estes se sentissem fortemente acossados e, por isso, se vissem obrigados a ocupar posições historicamente defensivas[122]. A constelação de organizações de trabalhadores, ou de homens movidos pela solidariedade e pela criatividade altruísta, que seria o resultado desse processo de maturação, instituir-se-ia, pelo contrário, numa postura ofensiva, dirigida a substituir as formas de domínio que constrangem a sociedade, por formas de comunicação e convivência

---

[122] É esta posição de acossados e perdedores, com os naturais sentimentos de frustração e desespero que naturalmente gerou, uma das explicações para o grande entusiasmo, para o vasto sentimento coletivo de esperança que suscitou a revolução bolchevique de 1917. Era possível vencer. Os habituais perdedores não estavam afinal destinados a perder sempre. Foi essa energia propulsora que o estalinismo delapidou, transformando a esperança em pesadelo.

criativas que materializassem uma liberdade mais plena, fechando a porta a todos os rostos da miséria; dentro do capitalismo, já se procurava ver para além dele.

Estar-se-ia, assim, perante um caminho aberto na esteira da experiência e dos valores do movimento operário, conducente a uma nova síntese gerada por vias diferentes das que até há pouco eram consideradas as mais eficazes. Bem se poderia então dizer que, tendo a burguesia contribuído para essa nova síntese com o seu espírito de iniciativa e com a apetência pelo lucro, que se revelaram propulsores eficazes do desenvolvimento das forças produtivas, a classe operária trouxe-lhe como contributo específico, com o seu espírito de fraternidade, com o seu apego à justiça social, uma série de redes de solidariedade, um conjunto de novas instituições geradoras de equilíbrios sociais, uma reciclagem de tipos organizativos já antes existentes[123].

Deste modo, rasgar-se-ia um horizonte mais amplo, gerador de um novo sentido verdadeiramente global para o movimento operário, que assim poderia ser encarado como alfobre de uma futura hegemonia

---

[123] A hegemonia do princípio do lucro significa a instituição de um critério à luz do qual a burguesia obtém o máximo de valorização social. A solidariedade e a criatividade social são os meios realmente eficazes, no plano operário, para minorarem os efeitos da exploração económico-social. A ideia da subalternização do capital está implícita nos próprios princípios cooperativos, incorporando com frequência, em lugares centrais, o ideário da cooperação.

É de registar que André Gorz, no seu estimulante *Capitalisme, Socialisme, Écologie,* se mostra convergente com esta perspetiva: "Trata-se de pôr a racionalidade económica (...) no seu lugar, que é um lugar subalterno; de pôr fim à dominação do económico sobre o político. Trata-se, por outras palavras, de realizar a extinção do capitalismo sem suprimir a autonomia e a lógica do capital, que têm a sua esfera de validade incontestável, ainda que restrita" (1991: 183). E, algum tempo depois, numa entrevista dada ao *Globe Hebdo* (28/4 a 4/5 de 1993), André Gorz seria mais explícito: "A questão da superação e da extinção do capitalismo não é uma visão do espírito; coloca-se por toda a parte com uma urgência dramática pela boa razão de que o capitalismo está prestes a provocar o desmoronamento da sociedade, a destruir todo o tecido social que lhe permitiu existir". Estamos em 2012. Passaram quase duas décadas; mas se o que então afirmou GORZ poderia na época, para os menos atentos, passar por um utopismo irrealista, hoje mostra-se de uma actualidade gritante.

do trabalho, como expressão humana por excelência no processo social de produção, em detrimento de um capital, nestes termos subalternizado.

Ora, se esta visão prospetiva se revelar com um mínimo de consistência, é fácil de ver que a componente cooperativa será amplamente valorizada, manifestando-se como a expressão mais direta das virtualidades históricas do conjunto a que pertence, como área propulsora do desenvolvimento social[124]. Curiosamente, a partir de um ensaio de reexame e de renovação do pensamento socialista, André Gorz parece apontar no mesmo sentido: "Só pela união solidária e a cooperação voluntária, os indivíduos podem emancipar-se da sua sujeição à lógica do capital e das trocas mercantis para se tornarem atores de uma criação da sociedade" (1991: 106).

Estar-se-á com isto apenas a reeditar um milenarismo utópico que faça esquecer o futuro estreito onde a humanidade parece ter sido encerrada? Talvez; mas a realidade é ainda provavelmente outra: a irradiação cooperativa num contexto de solidariedade social não é uma certeza inscrita no futuro, mas fora da sua reanimação o que espera a civilização humana não será muito diferente de um pesadelo.

Converge, com naturalidade, para o mesmo horizonte de esperança num pós-capitalismo humanizante, a perspetiva que encara a constelação cooperativa como parcela de uma ampla galáxia de organizações animadas por lógicas alheias à lógica capitalista, correntemente designada por economia social.

Para concluir este desenho geral da identidade do movimento cooperativo, importa destacar que, não tendo podido fazer-se um percurso sistemático e exaustivo, ficou, pelo menos, a imagem de uma dinâmica

---

[124] Como se vê, a relação de pertença do movimento cooperativo ao movimento operário não é um aprisionamento conceptual que se acomode com a estagnação de qualquer dos polos. Não se trata de se permanecer fiel aos vínculos iniciais, nos termos em que existiram. Trata-se de uma relação dinâmica e aberta a novas conformações e novos relacionamentos com instituições outrora distantes. Trata-se de acompanhar a mutação que vai acontecendo no seio de uma mesma constelação, de modo a que a clareza da especificidade de cada parte não perturbe a invenção de novas vias e formas de articulação e relacionamento dentro do espaço mais amplo.

complexa com as raízes bem identificadas e com as janelas para o futuro bem abertas. Julga-se também que ficou clara a inconveniência das atitudes analíticas excessivamente presas ao pequeno segmento da evolução cooperativa que se viva mais diretamente em cada circunstância, em virtude quer da grande plasticidade da forma cooperativa perante as mudanças sociais, quer da instabilidade da própria área social onde se situa.

Capítulo 4
Evolução Cooperativa e Movimento Operário

4.1. Panorama internacional

Desde meados do século XIX até à eclosão da 1ª Guerra Mundial, decorreu o período mais fecundo do processo de diferenciação do movimento operário, através do qual tomaram forma as suas principais componentes e as relações que entre elas se estabeleceram. O lugar, a natureza, as relações entre si, de partidos políticos, sindicato e cooperativas, constituíam um sistema mutável e aberto. A afirmação gradual da hegemonia socialista, em larga medida na esteira do marxismo, não apagou outras presenças ideológicas e políticas no movimento operário e não ocorreu simultaneamente em todos os países.

Por isso, a vida das suas estruturas era em muitos casos uma competição entre perspetivas distintas, quanto ao desenvolvimento da sociedade, quanto ao evoluir de cada uma das suas componentes, quanto às relações entre elas.

Um percurso rápido através do fundamental pode circunscrever-se aos países europeus mais desenvolvidos, que marcaram com maior profundidade o processo em análise: Inglaterra, França, Bélgica, Itália e Alemanha. Não deixará, naturalmente, de se falar também de Portugal[125].

---

[125] Seria, de facto, estranho não se falar de Portugal, quando foi a realidade portuguesa que estimulou o autor a ocupar-se do cooperativismo. É evidente que daí não se pode retirar a ideia de uma especial relevância portuguesa, na dinâmica internacional quer do movimento operário quer do cooperativismo.

Mas, reforçando um pouco o que atrás se disse, há que fazer uma referência prévia a algumas organizações internacionais, que tiveram um papel decisivo na dinâmica e na consistência do movimento operário.

A primeira, a Associação Internacional dos Trabalhadores (A.I.T. – 1ª Internacional) foi lançada em 1864, sob o impulso determinante das classes operárias da Inglaterra e da França (cf. KRIEGEL, 1968: 18; 1972: 607). Exilado em Londres, MARX cedo se revelou como a sua figura liderante. Logo na *Mensagem Inaugural* da AIT, por ele redigida, o movimento cooperativo é encarado positivamente,[126] considerando-se que provou na prática "que a produção em grande escala, e de acordo com as exigências da ciência moderna, pode ocorrer sem a existência de uma classe de senhores que empregue uma classe de "braços" (MARX, 1973: 14); e "que os meios de trabalho para frutificarem não têm necessidade de ser monopolizados nem desviados para se tornarem meios de domínio e de exploração do trabalhador" (1973: 14).

Henri Desroche chama, no entanto, a atenção para as reservas que a mesma mensagem, subtilmente, não deixa de formular. Ela considera a experiência demasiado parcelar como modo de enfrentar os problemas gerais dos trabalhadores. Destaca uma grande afluência de apoiantes duvidosos, deixando cair a ideia de que esse apoio é indício da sua ineficácia. Alerta para a insuficiência da ação cooperativa, uma vez que a conquista do poder político pelas classes trabalhadoras é prioritária (cf. DESROCHE, 1976: 85). Nestas três subtis reservas se virão a radicar grande parte das críticas dirigidas à ação cooperativa nas décadas seguintes, ao mesmo tempo que o modo positivo de a encarar terá reflexos idênticos, contribuindo para uma tensão permanente nas relações das cooperativas com as outras componentes do movimento operário.

---

[126] Henri Desroche, ao avaliar o modo como as cooperativas eram encaradas pelas Internacionais, começa por lembrar que: "Antes da fundação da primeira Internacional (1864), as relações do socialismo ainda utópico e da cooperação rudimentarmente praticada são relações idílicas"; para afirmar depois que "é uma homenagem mitigada que o projeto cooperativo recebe no manifesto da primeira internacional" (1976: 84).

Até ao Congresso de Genebra, em 1866, o primeiro que verdadeiramente se pode considerar como tal, a presença inglesa enfraqueceu e a dos continentais aumentou, compreendendo-se deste modo o grande peso da delegação francesa no decurso dos debates que aí ocorreram. Delegação essa, onde predominavam os seguidores de PROUDHON, o que marcaria claramente a discussão. Como vetores básicos de uma reforma social (que parecia preferir-se à revolução) foram propostos: o critério da reciprocidade como base de todas as trocas, a extensão do crédito mútuo e gratuito, a emancipação operária pela generalização do mutualismo (cf. KRIEGEL, 1972: 616). Este clima transparece de algum modo, quanto às cooperativas, nas resoluções redigidas por MARX: "Reconhecemos o movimento cooperativo como uma das forças transformadoras da sociedade atual, baseada no antagonismo de classes"; sendo certo, no entanto que "para converter a produção social num vasto e harmonioso sistema de trabalho cooperativo são indispensáveis mudanças gerais"; mas desde já, "recomendamos a todas as sociedades cooperativas que consagrem uma parte dos seus fundos à propaganda dos seus princípios e que tomem a iniciativa de novas sociedades cooperativas de produção" (MARX, 1973: 21-22).

No ano seguinte, em Lausanne, a hegemonia dos seguidores de PROUDHON já era pouco mais do que aparência: um discurso ainda dominante, mas já desfasado de uma realidade social carregada de uma crescente conflitualidade, de onde emergia o desenvolvimento sindical e onde se afundavam experiências cooperativas (KRIEGEL, 1972: 616).

Em 1868, o horizonte da Internacional altera-se, a hegemonia é outra: a greve passa a ser, não só legítima, mas também necessária. A valorização das cooperativas envolve uma ótica diferente: são a base de uma futura sociedade socialista. No Congresso de Basileia, no ano imediato, a mutação consuma-se. A atitude assumida é mais radical: defende-se o direito de abolição da propriedade privada do solo, para a tornar comunitária. Paralelamente, preconiza-se uma organização sindical internacional (cf. KRIEGEL, 1972: 617).

A Comuna de Paris, como primeira grande revolta predominantemente proletária, foi um acontecimento marcante na história do movimento operário. Suscitada pela eclosão da guerra franco-alemã em 1870, a sua curta duração (18 de Março a 28 de Maio de 1871) não impediu uma onda de repercussões teóricas, políticas e organizativas[127]. Uma delas foi a rápida agonia da Iª Internacional, cuja sede foi transferida para os Estados-Unidos logo em 1872, para em 1876, na Conferência de Filadélfia, ser deliberada formalmente a sua extinção (cf. KRIEGEL, 1968: 30 e ss).

Em 1889, no Congresso de Paris, viria a ser lançada a IIª Internacional, podendo dizer-se que ela só se afirmou verdadeiramente no Congresso de Bruxelas em 1891. Não se tratou de ressuscitar a organização extinta em 1876,[128] mas de procurar responder a desafios novos com um novo tipo de estrutura organizativa.[129] Era uma viragem que começara a ser preparada ainda no tempo da Iª Internacional. Na verdade, o mesmo Congresso que em Haia decidiu transferir para Nova Iorque a sede da Iª Internacional, recomendou a constituição de partidos socialistas nacionais.[130] Logo em 1875 é fundado, por fusão de uma

---

[127] Entre as repercussões teóricas parece de destacar a sua marca evidente na teoria marxista do Estado. Politicamente, constituiu um poderoso estímulo para a luta do movimento operário, o que se pode exemplificar com o caso português, onde os seus ecos se fizeram sentir claramente no seio do proletariado urbano.

[128] "Enquanto a primeira Internacional era fundamentalmente uma internacional de associações diversas, a segunda apresenta-se principalmente como uma internacional de partidos políticos constituídos" – recordou Henri Desroche (1976: 87).

[129] Annie Kriegel traduziu em termos sintéticos a diferença no plano organizativo e funcional entre as duas Internacionais: "já que a desagregação rápida da AIT se explicava, dado o seu centralismo rígido, pelo facto de não ter podido continuar a congregar sob a sua sigla e a fazer avançar numa direção comum secções nacionais tornadas muito diferentes, a IIª Internacional quis pelo contrário uma federação flexível de partidos nacionais autónomos: daí a extraordinária e sedutora diversidade das formações que se lhe ligavam, sustentavam com o dinheiro delas o seu modesto aparelho central, enviavam delegados aos seus congressos mundiais, refletiam sobre as suas sugestões, respondiam aos seus questionários e aos seus inquéritos, mobilizavam os seus partidários com os seus apelos" (1974: 564).

[130] A decisão do congresso de Haia, onde os socialistas portugueses haviam sido representados por Paul Lafargue, teve repercussões em Portugal: levou à fundação do Partido Socialista, em 10 de Janeiro de 1875. Como escreveu Luís de Figueiredo, em 1885, no jornal *O Protesto Operário*: "Foi das secções da Internacional, constituídas em federação regional, que partiu a iniciativa da fundação do Partido Socialista, em harmonia com as resoluções tomadas no célebre Congresso de Haia" (cit. por NOGUEIRA, 1964: 47).

organização lassalista e de outra influenciada pelo marxismo, o Partido Social-Democrata Alemão, que viria a ter um papel proeminente na IIª Internacional[131].

O processo de diferenciação das três componentes do movimento operário acelera-se. A própria criação da IIª Internacional traduz a centralidade da forma política, ou seja, do partido como elemento motor da constelação operária.

Pela própria natureza das coisas, uma vez que os partidos têm necessariamente uma identidade política e ideológica, a conexão entre o movimento operário e a luta pelo socialismo torna-se mais forte e mais explícita. Na AIT, a liderança de MARX era visível, bem patente na sua oposição aos anarquistas, mas a hegemonia marxista na IIª Internacional, quiçá menos ostensiva, era contudo mais efetiva. O Partido Social-Democrata Alemão[132] foi uma poderosa expressão e o agente determinante dessa hegemonia.

---

[131] Pode situar-se neste período, que decorreu até à fundação da IIª Internacional, o pleno desabrochar do partido político como instrumento da luta operária. Foi ainda A. Kriegel que sublinhou o facto de o socialismo neste período se institucionalizar "através de uma forma que haveria de manifestar ulteriormente a sua excecional vitalidade, uma vez que se impunha como a forma clássica da ação política: o socialismo materializava-se doravante em partidos políticos autónomos. A noção de partido foi tão afortunada que secções locais ou organizações regionais se intitularam partidos até ser reconhecida e assimilada a ideia de que um partido tinha necessariamente âmbito nacional e consequentemente se reagruparem em partidos nacionais todos os grupos socialistas dispersos por um território dum mesmo Estado" (1974: 556).

[132] Annie Kriegel sintetiza expressivamente a importância deste Partido, destacando a sua habilidade ao conjugar a luta dentro do quadro político estabelecido com uma atitude de alternativa global, o que o levou a um lugar de relevo na opinião socialista internacional. Foi um fenómeno político novo. Como afirmou: "A social-democracia alemã recusou deliberadamente limitar-se à esfera do político como era a vocação clássica de um partido, para se transformar num meio da vida constituindo-se *ipso facto* em rival e alternativa à sociedade estabelecida". Isso mesmo levou à instituição de uma "extraordinária rede de grupos, associações, sociedades, uniões, comités, comissões, cooperativas, casas dos sindicatos, casas do povo, que faziam com que um socialista alemão – operário, mulher, jovem, velho, reformado, doente, desempregado, intelectual – vivesse a sua vida, se alimentasse, habitasse, se vestisse, lesse, cantasse, praticasse desporto, fosse ao teatro, jogasse, sem nunca abandonar o horizonte socialista" (1974: 567).

No plano sindical, o amadurecimento era mais lento, embora tivesse sido desencadeado mais cedo. Os perfis e as estratégias sindicais não eram uniformes. Se mesmo a hegemonia marxista no plano político não significava inexistência de outras tendências no seio do movimento operário, mais evidente era essa diferenciação no plano sindical. Mesmo a hierarquia de importância dos vários níveis variava. Em Inglaterra, por exemplo, a proeminência sindical era nítida em face da intervenção política, em articulação com uma presença mais discreta do marxismo[133]. Apesar de tudo, a proximidade entre estas duas áreas de intervenção social era grande, questionando-se as relações entre ambas para se inquirir da eventual subalternidade do sindical em face do político, da sua instrumentalidade, que não por se alvitrar qualquer mútua exterioridade.

Este contexto permite perceber melhor a evolução do movimento cooperativo. Sem prejuízo de ulteriores especificações, podem adiantar-se alguns tópicos. H. Desroche deteta, nas relações da IIª Internacional com o movimento cooperativo, um começo pouco auspicioso e um desenlace de sinal contrário (cf. DESROCHE, 1976: 87).

Na verdade, o amadurecimento da forma partidária, no quadro de uma crescente conflitualidade social, suscitou uma maior dificuldade em compatibilizar a lógica de confronto global da luta social e política, com a prática cooperativa. O exemplo francês é paradigmático: num sucessivo agudizar de confrontos, chegou-se à ruptura no Congresso de Marselha em 1879, ficando de um lado, os cooperativistas puros, do outro lado, os socialistas. Logo em 1885, os primeiros congregam-se na União Cooperativa, na qual Charles Gide foi figura de proa. Sob a sua liderança tomara já corpo a Escola de Nîmes.

---

[133] Não cabe aqui escalpelizar a questão sindical. Recorde-se, todavia, que, por exemplo, a Inglaterra, a França e a Alemanha tinham movimentos sindicais de tipo diferente. Relações com os partidos, estratégia, formas organizativas, muitas coisas essenciais os separavam.
Ao longo dos anos 90, polemizou-se no seio da Internacional em torno da abertura dos seus congressos aos sindicatos, deixando de ser apenas políticos. A questão ficou resolvida, quando a partir de 1902 os sindicatos passaram a ter os seus próprios congressos internacionais. (LEFRANC, 1965: 15 e ss; KRIEGEL, 1974: 564).

Por seu lado, em Inglaterra, a dinâmica cooperativa vinha de longe. Há que não esquecer que a "Rochdale Society of Equitable Pioneers" foi criada vinte anos antes da Iª Internacional, e antes dela o movimento cooperativo de pura inspiração "owenista" dispusera de apreciável expansão. Como se disse, os sindicatos eram fortes, a presença marxista escassa e um partido socialista poderoso estava ausente. O movimento cooperativo inglês desenvolvera-se e diversificara-se. As escolas doutrinárias eram múltiplas e evoluíam com a desenvoltura provocada pelo facto de nenhuma delas ter sido real e duravelmente hegemónica. Uma delas, a dos "Christian Socialists" viria a ter importância decisiva no lançamento da ACI, no qual a sua interação com os cooperadores franceses de matriz *gideana* desempenharia papel de relevo.

A criação da ACI, em 1895, traduziu, até certo ponto, o distanciamento das cooperativas do tronco comum do movimento operário, materializado na IIª Internacional, que surgira poucos anos antes. Distanciamento potenciado pelo facto de, enquanto na Internacional o marxismo era hegemónico, na ACI a sua presença ser quase nula. E, a poder falar-se aqui numa hegemonia, ela seria, pelo menos de início, do cristianismo social. Pareciam pois estar reunidas condições para que as clivagens se acentuassem. No entanto, o amadurecimento político dos partidos socialistas com o crescimento da sua implantação, a presença de socialistas nas cooperativas, o próprio perfil integrado dos movimentos operários de países como a Bélgica, foram invertendo a deriva de separação. É no quadro desta evolução que, por exemplo, se percebe que a "Bourse des Coopératives Socialistes", que agrupava desde 1895 cooperadores socialistas franceses, viesse a aderir à ACI em 1902, a qual aliás ia reforçando uma atitude crítica em face da sociedade existente (cf. DESROCHE, 1976: 89).

Como coroamento deste processo de reaproximação, impõe-se a referência à conjunção de dois congressos internacionais realizados em 1910: o Congresso de Copenhaga da IIª Internacional e o Congresso de Hamburgo da ACI. No primeiro, foi reconhecida a autonomia do movimento cooperativo, bem como a conveniência da unidade das forças cooperativas em cada país. Um dos mais pertinazes lutadores em prol dessa abertura, Jean Jaurés, comentou assim a resolução adotada: "Nenhuma obrigação estreita e sectária foi fixada que possa comprometer a autonomia da cooperação, lançá-la obrigatoriamente nas agitações eleitorais, contrariar-lhe o recrutamento e diminuir-lhe a base. O valor socialista próprio da cooperação, a sua força educativa, a primeira indicação que dá no sentido da democracia económica e de socialização das forças de troca e de produção, foram altamente reconhecidos, e desde logo a harmonia essencial e profunda da cooperação proletária e do socialismo permitirá ao esforço operário exercer-se mais eficazmente". (Citado por HENRY, 1987: 270).[134] Em Hamburgo, por seu lado, a ACI "admite que o ideal cooperativo se opõe ao capitalismo" (HENRY, 1987: 270), ao mesmo tempo que, expressamente, "saúda a resolução do congresso socialista internacional de Copenhaga"[135].

Parece, portanto, que, em termos genéricos, o amadurecimento, quer das formas políticas, quer das formas cooperativas, tornou possível uma melhor compreensão mútua, quanto ao estatuto das suas relações e à possível complementaridade entre ambas. O que ocorreu em cada país foi, por vezes, mera ilustração, a traço mais carregado, do perfil internacional das relações analisadas, sem prejuízo de, num ou noutro, se terem revelado desenvolvimentos próprios, ou terem ocorrido acontecimentos desfasados no tempo. Percorram-se pois os seis países mais significativos, na ótica que informa esta abordagem, para assinalar o que de mais relevante aconteceu nas relações do movimento cooperativo com a dinâmica operária nos decisivos tempos que antecederam a 1ª Guerra Mundial.

---

[134] Em Copenhaga, nem todos estavam consonantes. LENINE, em nome da delegação russa, apresentou uma proposta de resolução que não foi adoptada e era claramente menos calorosa para as cooperativas (cf. KRASHENINNIKOV, 1988: 231).

[135] Na resolução adotada pelo congresso de Hamburgo, dizia-se: "O congresso cooperativo internacional, sem querer com isto meter-se em questões políticas, saúda a resolução do congresso socialista internacional de Copenhaga, reconhecendo a unidade e a autonomia do Movimento Cooperativo, o grande valor e o significado das organizações de consumidores para as classes trabalhadoras, convidando os trabalhadores a tornarem-se, e a continuarem a ser, membros ativos das sociedades de consumo. O congresso cooperativo internacional espera desta resolução, que afirma o princípio da unidade e da autonomia do Movimento Cooperativo, um reforço sensível do Movimento Cooperativo" (cit. por WATKINS, 1971: 93).

4.2. Inglaterra

Desencadeado no século XVIII, através de iniciativas dispersas, o processo social que viria a traduzir-se no cooperativismo moderno conheceu em Inglaterra uma pujança ímpar. Partilhou o seu espaço de inserção social com o socialismo britânico, com base não só na óbvia conexão de ambos com o movimento operário, mas também em virtude da referência a OWEN[136], partilhada por ambos. Era um tempo de irradiação capitalista num país em rápida industrialização, com novos horizontes a rasgarem-se, por entre uma agudização da miséria dos trabalhadores, com a consequente conflitualidade social a crescer[137].

Era pois natural que, entre os trabalhadores, proliferassem utopia[138] e revolta. Mas, "aos olhos das classes dirigentes, todos esses partidários do socialismo ou do comunismo, da associação ou da cooperação, surgem como sonhadores possuídos por um entusiasmo pouco razoável ou por ideias fixas, ou seja, como fanáticos" (BEDARIDA, 1972: 260). É neste quadro complexo que o movimento operário se afirma, antes mesmo que a força da aristocracia tivesse podido ser esvaziada pela

---

[136] François Bedarida, sublinhando expressivamente a importância de OWEN, escreveu: "Com Owen deixa-se a pré-história do socialismo e acede-se à primeira expressão do socialismo inglês moderno. (...) O seu nome confunde-se com o novo sistema social. Entre 1830 e 1840 os termos de owenismo e de socialismo tornam-se sinónimos e fungíveis" (1972: 272). E mais adiante: "Para os cooperadores, Owen é antes de tudo o fundador do movimento cooperativo" (273). Cita depois um editorial de 1827 do *Cooperative Magazine* que "declara que o socialismo oweniano representa o verdadeiro sistema "social, cooperativo e consumista", para concluir: "De facto, Owen afirma ser portador ao mesmo tempo de uma ciência da sociedade que garante a felicidade, de uma doutrina cooperativa com uma nova organização comunitária, de um novo mundo de harmonia e de saúde" (BEDARIDA, 1972: 278) No mesmo sentido, pode também invocar-se E. Pease: "O socialismo e a cooperação em Inglaterra são os descendentes dum antepassado comum, o famoso Robert Owen" (1909: 25).
Esta comunidade de origem torna mais evidente e compreensível a marca profunda do socialismo utópico no movimento cooperativo.
[137] Cf. BEDARIDA, 1972: 257.
[138] "Mas a utopia é a resposta de uma sociedade submetida a um processo de mudança tecnológica intenso e precipitado. É o antídoto à infelicidade do presente, quando a adaptação à brutal realidade quotidiana é demasiado inumana e há quem se refugie na crença num mundo melhor" (BEDARIDA, 1972: 260).

ascensão da burguesia. Isto mesmo terá, porventura, levado esta última a conformar-se com uma solução negociada do seu confronto com a aristocracia que, assegurando certas formas políticas e algum papel social a esta última, não deixava de configurar uma hegemonia estratégica da burguesia[139].

O movimento cartista terá potenciado esse tempo de instabilidade. Um tempo durante o qual se abriu a hipótese de um protagonismo político mais explícito dos trabalhadores ingleses.[140] O colapso desse movimento, quase no fim da década de quarenta do século XIX, com prenúncios acumulados em anos anteriores, incentivou os trabalhadores a um maior empenhamento na acção cooperativa. Pode dizer-se que o cartismo foi precedido pelo período áureo da influência owenista, a qual se esbateu à medida que a prática foi relativizando o êxito das suas realizações.

Quando em 1844 foi criada a *"Rochdale Society of Equitable Pioneers"*, não se estava, portanto, a colocar uma primeira pedra no edifício cooperativo. Ela refletia e condensava experiências cooperativas anteriores, já elas próprias, naturalmente, fruto da necessidade de responder a problemas e pressões do devir social concreto. A cooperativa de Rochdale viria a ser uma referência paradigmática do cooperativismo moderno, porventura, pelo acerto com que selecionou um conjunto de regras que simultaneamente lhe desenharam um rosto aliciante e lhe outorgaram funcionalidade e capacidade social de irradiação.[141]

---

[139] Para um panorama mais detalhado desta problemática pode, por exemplo, consultar-se Michel Beaud (1981: 35 e ss).

[140] O movimento cartista inglês foi desencadeado em 1836 por uma campanha de agitação a favor do sufrágio universal, da qual resultou a elaboração de uma "Carta do Povo", em 1838, que acabou por dar o nome ao movimento. Tendo sido, pelos objetivos, um movimento de reforma política, foi uma oportunidade preciosa para a afirmação do protagonismo social da classe operária inglesa (cf. BEDARIDA, 1972: 321 e ss).

[141] O mito de Rochdale projetou para o período anterior uma sombra que tendeu a apagar os seus antecedentes. Detetando esse efeito e procurando contrariá-lo podem referir-se, entre outros, THORNES (1988: 27 e ss), num texto em que é esse o eixo da reflexão; e HORNSBY (1988: 61 e ss), no quadro de uma análise mais ampla.
Foi a esta ideia da conexão de Rochdale com as experiências precedentes que John Hart quis dar relevo: "A verdade é que os Pioneiros eram essencialmente discípulos de Owen

No início da segunda metade do século, alguns fatores conjugados, acabaram assim por potenciar o incremento das atividades cooperativas. O desmoronamento das esperanças cartistas e a comprovada capacidade de subsistência do capitalismo inglês, suscitaram um natural ceticismo quanto a uma mutabilidade brusca da sociedade, reforçando a credibilidade das formas de acção de âmbito limitado, mas com frutos visíveis no curto prazo.

François Bedarida contrapõe esta nova fase da vida cooperativa, à que se radicou diretamente no socialismo owenista, vendo nela um pragmatismo que escasseava na sua antecessora, bem como a implícita renúncia à aspiração por uma sociedade diferente. Chega mesmo a dizer que "partindo duma perspetiva socialista, a cooperativa tende a reentrar na esfera do capitalismo" (1972: 556).

Não parece muito convincente este ponto de vista. Ele passa em claro que a nebulosa associativa inicial, vasto conjunto indiferenciado, onde a fluidez das formas se combinava com a alguma insipiência das ideias, estava impregnada por uma aspiração socialista utópica.

O novo cooperativismo foi, por isso, apenas uma fase mais consistente daquilo que antes fora difuso, assumindo a complementaridade com outras formas do movimento operário. Do que se trata é de um real surto de desenvolvimento cooperativo e associativo,[142] marcado, é certo, pelo modo como as instituições do movimento operário se posicionavam na arena política inglesa.[143] Dum modo ou doutro, as coo-

---

e tinham em vista o estabelecimento de uma colónia comunista, bastando-se a ela própria, na qual, separados dos seus concidadãos, esperavam organizar a produção, corresponder às necessidades de cada dia, educar os seus filhos e governarem-se por si próprios" (1909: 72).

Aliás, para um conhecimento detalhado do itinerário dos cooperadores de Rochdale, memória quase descritiva de como se organizaram, pode ler-se a, clássica e acessível, *História dos pioneiros de Rochdale*, de G. J. Holyoake.

[142] Veja-se, nesse sentido, por exemplo, HORNSBY: "Os anos à volta de 1850 no Reino-Unido constituíram um período de grande vivacidade das atividades da classe operária que deu lugar ao desenvolvimento de uma notável variedade de organizações autogeridas, voltadas para a melhoria das condições de vida dos trabalhadores" (1988: 61).

[143] No fundo, F. Bedarida não fica longe desta posição, quando admite o contributo não negligenciável da acção cooperativa para o socialismo inglês, considerando que ela prepara

perativas inglesas atingem um ritmo de desenvolvimento acelerado, implantando-se como movimento de relevância nacional e começando a projetar-se noutros países europeus.

No quadro de uma luta operária essencialmente sindical, o movimento cooperativo progredia sem evitar a permanência de um certo vazio político. Num país onde a classe operária era relativamente mais forte do que em qualquer outro, o partido liberal conseguia a representação formal de uma parte dela. Só em 1893 surge um partido operário no Reino-Unido, o "Independent Labour Party" (ILP), quase vinte anos depois do aparecimento do Partido Social-Democrata Alemão. Mas, desde 1880, a vida política conhece crescente agitação. Fabianos, marxistas e anarquistas partilham e disputam a influência nas classes trabalhadoras[144-145].

Paralelamente, aproximava-se do desenlace o processo de criação da ACI, no qual, como se sabe, os ingleses tiveram um papel decisivo. Viera, entretanto, ganhando consistência um conceito que se pode considerar a réplica britânica da *gideana* República Cooperativa, o conceito de "Cooperative Commonwealth"[146]. Enquanto projeção da influência socialista no movimento cooperativo, assumir-se-ia como designação da alternativa ao capitalismo, concebida pelos cooperativistas. A sua plasticidade permitiu-lhe incorporar as próprias mutações da hegemo-

---

o trabalhismo pelo facto de ser caracterizada por "três traços originais": "é uma forma de associativismo de origem puramente britânica"; "é autenticamente devida à iniciativa operária"; "assenta na noção de adesão voluntária e livre" (1972: 558). Ou seja, a componente cooperativa evoluiu em consonância com os outros ramos do movimento operário inglês, com os quais partilhou naturalmente um idêntico contexto económico-social.

[144] Cf. BEDARIDA, 1974: 347.

[145] A questão do atraso, no aparecimento de um partido operário na Inglaterra, não pode ser encarada linearmente. Na verdade, dada a diferença no processo de construção do partido, bem expressa no modo como se viria a constituir mais tarde o *Labour Party*, a sua gestação teria sido naturalmente mais demorada. Mais demorada, mas mesmo assim prematura, pois só em 1906 se viria a criar um partido realmente representativo do operariado inglês (*Labour Party*), enquanto o Partido Social-democrata Alemão surgira, como se disse, em 1875.

[146] Esta expressão parece ter inicialmente surgido como designação da sociedade socialista pós- revolucionária. Para mais pormenores, pode ver-se HORNSBY (1988: 73).

nia no interior do movimento cooperativo: surgido antes da proeminência da cooperação de consumo, veio a incorporá-la sem dificuldade, dando-lhe até uma feição globalizante. A comunidade cooperativa, contraposta ao capitalismo, projetava um socialismo distanciado de um papel excessivo do Estado. No Congresso da "Cooperative Union" de 1914, a regra 2 dos Estatutos passou a ter a seguinte formulação: "Os objetivos da união são a criação de uma "Cooperative Commonwealth" mediante a difusão dos princípios e ideais cooperativos, a organização do trabalho cooperativo em todos os sectores, seja na indústria ou no comércio ou nos negócios, a promoção da educação"... (cit. por HORNSBY, 1988: 77).

Não foi, porém, apenas como horizonte ou projeto que a presença cooperativa se fez sentir na conformação das ambições históricas do movimento operário. De certo modo, na primeira década do século XX, o problema da tradução política do fenómeno cooperativo desenvolveu-se com algum paralelismo, em face do que agitara anos antes o movimento sindical, e veio a culminar na constituição de um partido político a partir, principalmente, de um comité parlamentar que representava os sindicalistas.[147]

Na verdade, no Congresso Cooperativo, realizado em Newport, em 1908, foi apresentada uma moção destinada a promover a representação cooperativa na Câmara dos Comuns. Foi recusada, no entanto o debate suscitado foi vivo e os seus ecos apreciáveis.[148] Tratava-se de constituir um núcleo político de representação cooperativa em aliança com o "Labour Party".

J. Tweddell, dirigente cooperativo e defensor da proposta vencida, prestou então um depoimento muito elucidativo, em que parte do princípio que a " Cooperação, o Sindicalismo e o Socialismo" são três movi-

---

[147] Veja-se BEDARIDA (1974: 375 e ss).
[148] O sentido político da proposta era o de criar uma aliança com o *"Labour Party"*, quase reproduzindo um processo que havia sido seguido com base nos sindicatos para a criação desse partido. Na verdade, a mais forte representação operária no Parlamento no princípio do século não era a do ILP, partido político criado em 1893, mas sim do *"Labour Representation Commitee"* (Comité para a Representação do Trabalho). A fusão do ILP e do LRC é que daria origem ao *"Labour Party"* (Partido Trabalhista).

mentos sociais guiados por um mesmo ideal de melhoria da sociedade. "Enquanto o objectivo perseguido pelo Sindicalismo é o de combater o capitalismo, o da Cooperação é o de o substituir" (TWEDDELL, 1909: 19). Mas, no fundo, o sentido desta perspetiva era o de reforçar a ação cooperativa, a qual, por si só, disporia de um potencial transformador reduzido.

Desse modo, fundir essa atividade num bloco político parlamentar, com as componentes sindical e diretamente política que já o integravam, era uma maneira de ampliar a sua força e de lhe acelerar os efeitos transformadores.[149] TWEDDELL não ignora a existência de cooperadores que olham para a ação política com desconfiança e para o socialismo com medo e aversão[150], mas destaca a existência de "um número crescente de cooperadores que olham para o socialismo favoravelmente e com esperança, como sendo o desenvolvimento legítimo e inevitável dos princípios cooperativos. Olham de facto o socialismo como a cooperação triunfante, o Estado socializado como o coroamento do edifício cooperativo" (TWEDDELL, 1909: 24). Sem pretender aqui discutir o fundo da questão, interessa sublinhar que no contexto britânico as correntes político-ideológicas com uma visão congregadora do movimento operário apostavam na criação de um partido político, embora com características muito próprias, que englobasse as três componentes do movimento operário. Todo este processo viria mais tarde a dar os seus frutos, quando em 1919 se constituiu o Partido Cooperativo, que desde 1927 tem um acordo com o Partido Trabalhista através do qual tem assegurado uma representação parlamentar.[151]

---

[149] Como disse, expressivamente, TWEDDEEL: "A escola dos cooperadores a que eu pertenço, pensa assim, que os métodos actuais põem o milenário demasiado longe de nós, e que a influência da nossa poderosa organização deve ser empregada para transformar as instituições políticas do nosso país conformemente ao interesse e ao ideal cooperativo" (1909: 22).

[150] Cf. TWEDDEEL, 1909: 23.

[151] Nem todas as estruturas de base federadas na "*Cooperative Union*" aderiram ao Partido Cooperativo, mas foi apreciável a percentagem das que o fizeram. (Cf. CESCE – Comité Économique et Sociale des Communautés Européennes, 1986: 757). A própria existência de um Partido Cooperativo não deixou de suscitar objeções a partir de um entendimento linear da neutralidade política (cf. COSTA, 1956: 56 e ss).

Merece, aliás, cuidada reflexão o facto de esta via não ter conduzido ao apagamento da independência cooperativa, representando apenas um alargamento da audibilidade política das posições cooperativas e um veículo mais fácil de comunicação com as outras componentes.

4.3. França

A evolução cooperativa, no contexto do movimento operário francês, até ao desencadear da 1ª Guerra Mundial, pode encarar-se como autêntico laboratório político-social, especialmente adequado para explicitar o conteúdo e o sentido da tensão vivida pela prática cooperativa no seio do movimento operário. No plano ideológico, tem força uma significativa tradição socialista utópica, acompanhada por uma prolongada coexistência de várias correntes de pensamento, sem hegemonia clara e duradoura de qualquer delas. E o predomínio do conjunto das escolas socialistas no movimento operário não excluía mesmo a existência de presenças não-socialistas. Este mosaico dinâmico traduziu-se num arrastar do processo de criação de um partido socialista e operário realmente representativo; na área sindical, a multiplicidade de correntes acabou por abrir a porta à hegemonia do sindicalismo revolucionário[152], circunstância com grande significado para o estatuto das relações entre partido e sindicatos.

---

[152] Georges Lefranc caracteriza assim o sindicalismo revolucionário francês: "Os sindicalistas revolucionários aceitam do marxismo a crítica ao capitalismo. Mas acrescentam-lhe uma crítica ao Estado que se alimenta de Fourier, de Proudhon, de Bakunin e de Jean Grave. O Estado não pode ser o instrumento da libertação social, pois, em si próprio, é um instrumento de opressão. Torna-se inútil arrancá-lo das mãos do capitalismo para fazer dele um instrumento revolucionário. Os revolucionários conscientes apenas podem visar um objectivo: a sua destruição" (1965: 26).
Por seu turno, Madeleine Rebérioux enquadra-o nos seguintes termos: "... o sindicalismo revolucionário do princípio do século define-se em oposição ao socialismo dos partidos, o socialismo político rejeitado devido à sua inserção na vida política, no interior dos mecanismos democráticos da sociedade burguesa. A entrada militante dos anarquistas nos sindicatos a partir de 1895 deixou aí seguramente a sua marca; as rivalidades e as oposições entre escolas socialistas bem como a figura de Millerand e as posições de Jaurès desempenharam aí também o seu papel" (REBÉRIOUX, 1974: 175).

Este quadro tem como pano de fundo uma cadeia de conflitos sociais e políticos, alguns dos quais com grande repercussão histórica, que se desencadearam em França desde 1789 até 1871, da Revolução Francesa à Comuna de Paris. Entre as duas datas podem, na verdade, assinalar-se a Restauração da Monarquia Tradicionalista em 1815, a implantação da Monarquia Liberal em 1830 e a revolução de 1848, para só referir as mais importantes.

Pela sua própria natureza, a Revolução Francesa implicou um enorme protagonismo popular, já que a burguesia teve de se aliar ao povo para vencer uma aristocracia avessa a compromissos[153]. A desilusão das massas populares que, tendo colaborado na vitória de uma revolução, viram a miséria continuar a bater-lhes à porta, pode explicar muito do que ocorreu no campo das lutas sociais ao longo do século XIX. Tinham experiência e ilusões perdidas; uma parte do triunfo, que sentiam dever caber-lhes, foi-lhes confiscado. Novos objetivos, novas esperanças, novos sonhos e novas revoltas, teriam forçosamente que surgir.

Tal como OWEN na Inglaterra, mas talvez com menor profundidade, SAINT-SIMON e, especialmente, FOURIER foram as primeiras figuras tutelares do socialismo francês. A influência de FOURIER viria aliás a fazer-se sentir na própria emergência das práticas cooperativas, das quais é considerado um dos precursores[154]. Quer por intermédio das reper-

---

[153] Nesse sentido, escreveu Albert Soboul: "A Revolução de 1789-1794 marcou o nascimento da sociedade moderna, burguesa e capitalista, na história da França. A sua característica essencial foi a de realizar a unidade nacional do país com base na destruição do regime senhorial e das ordens feudais privilegiadas. (...) Mas se a Revolução francesa foi a mais ostensiva das revoluções burguesas, eclipsando, pelo carácter dramático das suas lutas de classes, as revoluções que a tinham precedido, deve-o à obstinação da aristocracia, agarrada aos seus privilégios feudais, recusando qualquer concessão, e ao arreganho em contrário das massas populares. A burguesia não tinha desejado a ruína da aristocracia; a recusa do compromisso e a contrarrevolução obrigaram-na a promover a destruição da ordem antiga. Mas ela só o conseguiu, aliando-se às massas populares urbanas a quem foi preciso satisfazer: a revolução popular foi um facto, a feudalidade foi destruída, a democracia instaurada" (1972: 196).

[154] Entre os autores que consideram FOURIER como precursor do cooperativismo podem ser referidos: MLADENATZ (1969: 41 e ss), TOTOMIANZ (1938: 79) e LAMBERT (1975: 37).

cussões genéricas do seu socialismo utópico,[155] quer através de figuras de âmbito mais específico, como é o caso do "comptoir communal"[156], viria a influenciar o movimento cooperativo francês, em especial nos seus primeiros tempos.

No período entre a instauração da monarquia liberal em 1830 e a revolução de 1848, duas figuras deixaram assinalada a sua presença na área em análise, Filipe Buchez e Louis Blanc. BUCHEZ, discípulo de SAINT-SIMON, tornar-se-ia católico e destacar-se-ia na luta pela implantação das cooperativas de produção (ou associações operárias, na terminologia da época),[157] cujas regras fundamentais fixa em 1831.[158] BLANC, com ideias próximas das de BUCHEZ, incorporava nas suas conceções a herança doutrinária dos dois grandes utópicos franceses acima referidos. Homem de ação, viria a ter um papel de relevo na revolução de 1848. Partidário de uma forma especial de cooperação de produção ("ateliers sociaux"), seria encarado por alguns como adepto de um "socialismo governamental".[159]

---

[155] Sublinhando as diferenças que separam FOURIER de SAINT-SIMON, Jean Bruhat (1972: 349) não deixa de referir o seu socialismo utópico. Qualificando-os, a ambos e a OWEN, como "os três grandes utopistas", ENGELS (1963: 51) diz: "Como os filósofos da era das luzes, querem libertar não uma classe determinada mas toda a humanidade". Há, parece, uma certa homologia entre o relativo sincretismo doutrinário, presente nos socialistas utópicos, e a nebulosa associativa dos primórdios do movimento operário.

[156] H. Desroche (1977: 18) refere o "comptoir communal" como a figura concebida por FOURIER, mais premonitoriamente próxima da ação cooperativa, tendo-se pronunciado no mesmo sentido TOTOMIANZ (1938: 79).

[157] Podem ver-se sobre BUCHEZ, TOTOMIANZ (1938: 82) e MLADENATZ (1969: 49 e ss). Sobre as suas posições afirmou BRUHAT: "A solução de Buchez é a da "associação operária" que preconizou desde 1831 (...). ... sendo uma das variantes do socialismo dessa época o associacionismo, deve-se considerar que Buchez foi um dos inspiradores dessa corrente" (1972: 382).

[158] Cf. LAMBERT, 1975ª: 46.

[159] Sobre Louis Blanc podem ver-se: TOTOMIANZ (1983:83), MLADENATZ (1969: 52 e ss), BRUHAT (1972: 383 e ss). Foi PROUDHON quem a ele se referiu nestes termos: "Louis Blanc representa o socialismo governamental, a revolução pelo poder, como eu represento o socialismo democrático, a revolução pelo povo" (cit. por BRUHAT, 1972: 385). Louis Blanc fez parte do Governo Provisório, saído da revolução de Fevereiro de 1848, tendo sido designado presidente da Comissão do Luxemburgo, que era uma espécie de

Numa atmosfera de frustração, de novo surgida após 1830, as propostas doutrinárias de que se referiram alguns dos exemplos de maior relevo dirigiam-se a "uma classe operária minoritária na nação, no entanto cada vez mais numerosa, mas ainda muito heterogénea, cujos elementos avançados, política e ideologicamente, não são em geral os que pertencem aos ramos industriais mais modernos. Donde uma penetração desigual e diferenciada do socialismo, de resto multiforme" (BRUHAT, 1972: 366).

Neste período de crises económicas e desemprego, o movimento operário francês era fundamentalmente reformista, concentrando grande parte das suas preocupações no direito ao trabalho e dando enorme importância à ideia de associação.[160] Como se viu, sob o manto da associação, era já a prática cooperativa de produção que despontava.

Em Fevereiro de 1848, estalou a revolução, caiu a monarquia, instituiu-se a república. A aliança que a protagoniza é dramaticamente quebrada em Junho, traduzindo-se numa derrota sangrenta do movimento operário, a partir da qual se acelera um processo de normalização, sulcado por episódios contraditórios, que culminaria com o golpe de Estado de Louis Bonaparte em Dezembro de 1851[161].

Ministério de Trabalho do novo poder. Viria a ser afastado em Maio, após as eleições para a Assembleia Nacional Constituinte.

[160] Cf. BRUHAT, 1972:400.

[161] Uma visão clara e global deste processo é dada por dois conhecidos textos de MARX: *As lutas de classes em França – 1848-1850* e *O 18 de Brumário de Louis Bonaparte*. Engels, no prefácio escrito para o primeiro, em 1895, caracteriza assim a perspetiva de MARX: "... dos próprios factos, ele extraiu uma perspetiva clara do que até aí apenas tinha deduzido, um tanto aprioristicamente, de materiais insuficientes: a saber, que a crise comercial mundial de 1847 tinha sido a verdadeira mãe das revoluções de Fevereiro e de Março e que a prosperidade industrial, regressada pouco a pouco desde meados de 1848 e chegada ao seu apogeu em 1849 e 1850, foi a força vivificante onde a reação europeia conseguiu um novo vigor (ENGELS, 1965: 27)". Não se exalta com isto o economicismo que representaria esta frase se fosse uma síntese autêntica do pensamento de MARX, mas chama-se a atenção, para um dos aspetos do contexto das convulsões sociais ocorridas.

Aliás, em 1848, o problema era ainda o da construção de uma classe operária plenamente consciente de si própria. É o que MARX cruamente diz: "não é pelas suas conquistas tragicómicas diretas que o progresso revolucionário abre caminho, pelo contrário, é somente

As lutas operárias entram naturalmente em refluxo. Primeiro, a frustração coletiva e a repressão da vanguarda; depois, as subtis armadilhas da ambiguidade da segunda fase do bonapartismo potenciaram a complexidade deste período.

"Deste modo, parece ter deixado de correr essa seiva que tinha alimentado tantos ramos do socialismo antes de 1848. É toda uma geração de socialistas que se cala ou renuncia. Daqueles cuja influência permanece e se consolida até, subsistem apenas Blanqui e Proudhon. Eles continuam a escrever e sobretudo são de tal modo populares entre os trabalhadores que se pode falar do papel dos blanquistas e dos proudhonianos no movimento operário e socialista francês de 1850 a 1871" (BRUHAT, 1972: 512).

Essas duas figuras cimeiras protagonizaram posições políticas opostas, naturalmente repercutidas no modo como encararam o movimento cooperativo. BLANQUI, em natural consonância com o seu ativismo revolucionário, via na ação cooperativa "a armadilha mais funesta em que podia cair o proletariado", na qual via uma natural resistência ao uso da greve, "a única arma verdadeiramente popular na luta contra o capital" (cit. por BRUHAT, 1972: 513).

A revolução de 48 tornou PROUDHON mais desperto para a necessidade de propor soluções para os problemas que equacionasse[162]. O seu

---

fazendo surgir uma contrarrevolução compacta, possante, criando um adversário e combatendo-o que o partido da subversão pode enfim tornar-se um partido verdadeiramente revolucionário" (1965ª: 55).
Nas jornadas de Junho de 48, de facto, a classe operária francesa aprenderia na rua a relatividade da sua vitória de Fevereiro. "Assim como a República de Fevereiro com as suas concessões socialistas necessitava de uma batalha do proletariado unido à burguesia contra a realeza, também era necessária uma segunda batalha para expurgar a República das suas concessões socialistas, para pôr em relevo a "República burguesa", que detinha oficialmente o poder" (MARX, 1965ª: 86).
A classe operária era ainda, entretanto, um sistema de ilhas num oceano camponês, como se veria claramente na sequência do "18 Brumário": "... não o povo camponês que quer, pela sua energia, derrubar a velha sociedade, em colaboração estreita com as cidades, mas, pelo contrário, aquele que, estreitamente confinado nesse velho regime, quer ser salvo e beneficiado, ele e o seu pedaço de terra, pelo fantasma do Império" (MARX, 1965ᵇ: 351).
[162] Cf. BRUHAT, 1972: 515.

apego ao crédito mútuo, a sua defesa das associações livres, as suas posições federalistas, a sua preferência pelo mutualismo, no quadro de uma atitude reformista, tornaram-no mais aberto às virtualidades da cooperação. Mas mais do que a sua opinião específica, verdadeiramente relevante foi a repercussão indireta do conjunto dos seus pontos de vista no desenvolvimento cooperativo[163].

Logo nos meados dos anos 50 do século XIX, LE PLAY emergia como expoente de um catolicismo social, disposto a inserir-se nos meios operários. Comissário da 1ª Exposição Universal de Paris, em 1867, viria através da defesa de uma economia social, que abrangia as cooperativas, a ter uma conexão relevante com alguns segmentos do movimento.

Os anos 60, como se disse, viram nascer a 1ª Internacional, onde a presença francesa se fez sentir, com destaque para os seguidores de PROUDHON. Em França, firmava-se o conceito de cooperação, como reflexo da experiência de Rochdale, passando a distinguir-se claramente "associação" e "cooperação"[164]. A partir da nebulosa associativa, adquiriam forma as várias componentes do movimento operário. O "bonapartismo" imperial entrava em dificuldades, multiplicavam-se câmaras operárias e greves. Procurando caracterizar o socialismo francês, de 1864 à Comuna, Jean Bruhat considerou-o: "um socialismo que se "obreiriza" e que procura, consciente ou inconscientemente, uma espécie de compromisso mais ou menos bem conseguido entre as doutrinas dominantes e a prática operária" (1972: 522)[165].

---

[163] "Mas é sobretudo ao nível das construções e das influências práticas que podem ser destrinçados os elos complexos e contrastantes que existem entre Proudhon e o desenvolvimento cooperativo. Quatro elementos permitem esclarecê-los: o seu contacto desde a infância com a cooperação agrícola jurassiana, o seu conhecimento crítico e prático das cooperativas operárias na fase utópica, a sua denúncia de qualquer sistema associativo obrigatório, fosse ele cooperativo, os seus contributos efetivos para o movimento cooperador dito "realista" e as influências diretas que exerceu sobre este último" (BANCAL, 1977: 50).

[164] Cf. GUESLIN, 1987: 214.

[165] Ernest Poisson, destacado cooperativista francês, viria mais tarde a afirmar: "Em França, a cooperação orientou-se mal. Em 1848, em lugar de se encaminhar para o consumo, cria-

Os setenta e dois dias da Comuna representaram a fusão dramática das experiências organizativas vividas, desde o início do século, pelas classes trabalhadoras francesas, bem como das doutrinas que foram o rosto do socialismo, das práticas sociais de resistência e de luta. O próprio internacionalismo do movimento operário acelerou-se, potenciando a propagação dos seus ecos para fora da França. Os acontecimentos em que se traduziu tornaram-se memória e experiência do movimento operário internacional. Em França, as suas marcas foram naturalmente mais profundas. Rasgou novos espaços a problemáticas tradicionais e suscitou questões novas, de natureza política e social. Contribuiu para o renovado viço de algumas doutrinas e ideias, mas fez caducar irremediavelmente muitas outras[166].

---

ram-se grupos de produtores. Houve uma eclosão admirável depois da era de Paz social de 1848. Só que, todas essas cooperativas de produção se disseminaram e fracassaram. Hoje, cinquenta anos depois, restam apenas 12, das talvez 200 ou 300 que então surgiram" (1914: 34).
Referindo-se a este período e indiciando uma ligação dos sindicatos às cooperativas que depois se viria a perder, Pierre Rosanvallon escreveu: "Nos anos 1860, numerosas sociedades de socorros mútuos, cooperativas e sociedades de resistência tinham sido criadas. Num primeiro tempo, o sindicalismo organiza-se a partir destas instituições. Mas muito rapidamente separa-se delas" (1988: 32).
Estas duas posições, situadas em níveis bastante diferentes, traduzem um horizonte comum: uma certa ideia de que a evolução "perversa" da dinâmica cooperativa se deveu a opções erradas, primeiro com o menosprezo da cooperação consumo em face da de produção, depois, rompendo a comunicação entre sindicatos e cooperativas. Parece assim, por um lado, menosprezar-se a força das dinâmicas sociais, radicada em terrenos mais fundos do que as decisões de lideranças circunstanciais; por outro lado, a mudança que o longo prazo pode introduzir no significado do que vai acontecendo. Na verdade, se hoje é ainda marcada a clivagem entre sindicatos e cooperativas, já é clara em França a prevalência da cooperação de produção em face da de consumo.

[166] Jean Bruhat, ao concluir um estudo sobre o socialismo francês até à Comuna, assinala-a como o termo de um certo socialismo e o despontar de um outro, que emergiu na esteira de novos problemas que a Comuna fez explodir e que o movimento operário teve de enfrentar. E enuncia-os: "natureza do Estado, centralismo ou federalismo, papel das associações operárias, "expropriação dos expropriadores", formas de gestão da economia num mundo "coletivista", relações da democracia e do socialismo, patriotismo e internacionalismo, espontaneidade e organização, confiança nas reações "instintivas" ou assimilação

Um refluxo compreensível envolveu o movimento operário, após a derrota da Comuna. Uma certa desilusão política tornou fácil o empolamento do papel dos sindicatos e das cooperativas. Todavia, a *forma partido*, como expressão adequada da ação política do movimento operário, adquire centralidade como objetivo. A influência marxista alarga-se. O primeiro da série de Congressos Operários, que culminariam anos depois em Marselha, realizou-se em Paris em 1876. Nas decisões traduz-se ainda a quietude relativa dos anos anteriores e uma boa aceitação das cooperativas. Nos debates há, desde logo, intervenções premonitoriamente agressivas, quando se trata de avaliar, relativamente aos trabalhadores, o potencial libertador das cooperativas de produção. Isidore Finance, líder dos positivistas, ataca-as com virulência, na sua aposta absoluta no papel da "educação integral": "O cooperativismo sacrifica forçosamente a independência individual e o tempo livre necessário para a aquisição da instrução, em nome de uma esperança material, que a sua natureza comercial torna incerta, tendente a retirar ao proletariado as suas aspirações generosas para lhe dar as preocupações da burguesia mercantil e egoísta..."[167].

Em 1878, no Congresso de Lyon, continua a prevalecer uma atitude favorável às cooperativas, encaradas como componentes do movimento operário. Mas as vozes dissonantes tornam-se mais agressivas. Jules Guesde insurge-se contra "a via enganadora da cooperação" e um outro

---

de uma doutrina científica, necessidade de um partido político e definição desse partido" (1972: 533).

A dimensão afetiva e simbólica da Comuna está bem expressa na conclusão do conhecido texto sobre *A Guerra Civil em França*, terminado por MARX em Londres, em 30 de Maio de 1871: "Paris operária com a sua Comuna, será sempre celebrada como o glorioso introito de uma sociedade nova. A recordação dos seus mártires conservar-se-á piedosamente no grande coração da classe operária. Aos seus exterminadores, a história pregou-os já ao eterno pelourinho, e nem sequer todas as preces dos seus padres os conseguirão remir" (1971[b]: 135).

[167] Este ácido anti cooperativismo era, aliás, acompanhado pela perspetiva, dum pessimismo linear e simplista, que dava centralidade à ideia de que a pequenez das poupanças do proletariado faria com que se demorasse séculos a contrabalançar a influência do capital (cf. VROUTSH, 1977: 63). Sobre o papel de Isidore Finance na luta contra o cooperativismo, podem ver-se ainda: REBÉRIOUX (1974: 139) e GUESLIN (1987: 224).

congressista vai mais longe: "Todas as sociedades cooperativas empilhadas sobre todas as câmaras sindicais serão impotentes para dar aos trabalhadores a posse desse capital que lhes falta" (cit. por Desroche, 1976: 87). A dramatização dos conflitos sociais tendia assim a concentrar energias na imediata luta pelo poder político, absolutizando concomitantemente a forma política de intervir e secundarizando as outras. E, no entanto, na reanimação do movimento operário francês após a Comuna, haviam tido papel decisivo as Câmaras Sindicais (cf. Gueslin, 1987: 224)[168].

No Congresso Operário de Marselha, de 20 a 31 de Outubro de 1879, a rutura consuma-se: "as cooperativas são eliminadas enquanto instrumentos de emancipação do proletariado" (Rebérioux, 1974: 150). Não se tratou, diga-se, de um mero desenlace provocado pelo agudizar de uma contenda. O Congresso traduziu-se numa significativa mutação, liderada pelos coletivistas dirigidos por Jules Guesde, que eram em França os mais destacados representantes do marxismo.

A proeminência da luta política firma-se, suscitando "uma nova forma de organização proletária nacional", "um partido de classe", a "Federação do Partido dos Trabalhadores Socialistas de França". Paralelamente, "o reconhecimento da dimensão internacional da "questão social" passa a ser um facto[169]. A clivagem com o movimento cooperativo foi, por isso, um aspeto de um novo modo de conceber a luta do movimento operário e de uma nova hierarquia na importância das suas

---

[168] André Henry sublinha o carácter paradoxal deste relativo declínio do movimento cooperativo nesta década: "porque no momento em que triunfa o ideal republicano, forjado nas associações operárias de produção, os militantes mais à esquerda distanciam-se das sociedades cooperativas"; "porque do desabrochar cooperativo, mutualista e associativo nasceu o Partido operário francês, que vai consumar a sua rutura com a cooperação". Destaca como compreensível a controvérsia entre as correntes oriundas da 1ª Internacional, sensíveis a ideias como as de "luta coletiva, luta de classes, e de conquista do poder" e uma certa moderação pragmática que se instalara no povo.
"Estão assim reunidos todos os elementos para uma rutura entre as sociedades cooperativas que surgem muitas vezes como brandas e mesmo conservadoras no seu funcionamento e uma elite militante que não acredita na possibilidade de uma mudança social e económica radical através da cooperação" (Henry, 1987: 147).
[169] Cf. Rebérioux, 1974: 148 ss.

componentes, sobre determinadas pela centralidade do processo de criação de um partido político, peça de uma estratégia que pressupunha a viabilidade e a urgência de uma queda do sistema, num prazo relativamente curto.

Durante muitos anos, em França, este Congresso concentraria a memória do ressentimento e da rutura do movimento operário com o seu ramo cooperativo[170]. Na verdade, na resolução final sublinhava-se que "as cooperativas de produção ou de consumo só podem melhorar a sorte de um pequeno número de privilegiados numa fraca proporção", pelo que o congresso declarou "que estas sociedades não podem, de modo nenhum, ser consideradas como meios suficientemente potentes para chegar à emancipação do proletariado"; e admitia apenas que pudessem "prestar serviços como meios de propaganda para a difusão das ideias coletivistas e revolucionárias" (cit. por DESROCHE, 1976: 88).

Alguns anos depois, Charles Gide recordava o dia dessa decisão como "um dia nefasto não só para a cooperação, mas também para o partido operário de França, pois empurrou-o para a realização de uma finalidade contrária às suas verdadeiras aspirações e sem qualquer resultado prático" (1974: 25). De facto, nos anos que se seguiram ao Congresso de Marselha, a clivagem entre as duas posições acentuou-se: "ao ostracismo socialista lançado sobre a cooperação terá correspondido uma alergia das cooperativas ao socialismo. Contra cooperativismo antissocialista, socialismo anti cooperativo. Estes dois antagonismos cristalizam-se em posições doutrinárias" (DESROCHE, 1976: 88).

---

[170] Como escreveu André Henry: "O ambiente, no congresso de Marselha está sobreaquecido pelos acontecimentos. O grupo mais moderado de Benoit Malon junta-se aos guesdistas e a Isidore Finance para denunciar as cooperativas de produção. A hostilidade ao governo transformou-se numa hostilidade ainda mais radical contra todas as estruturas que surgissem como formas de colaboração das classes. Apesar das intervenções favoráveis às cooperativas, a corrente política, exaltada pela atualidade conquistou a adesão de uma larga maioria: (...) A cooperação é condenada enquanto experiência social. Ela não representa mais aos olhos dos operários franceses uma alavanca de luta para chegar à justiça social" (1987: 149).

Esteve, aliás, neste clima de confrontação, de algum modo, a origem da "Union Coopérative des Sociétés Françaises de Consommation", fundada pelos cooperativistas não socialistas, em 1885. Entre as suas figuras liderantes, ao contrário de E. Boyve e A. Fabre, Charles Gide não era um antissocialista radical, apenas se demarcando das perspetivas para a cooperação, defendidas pela maioria dos socialistas[171-172]. Toda esta dinâmica viria a ter uma expressão doutrinal de grande repercussão através da Escola de Nîmes, cuja personalidade de longe mais marcante foi, precisamente, Charles Gide[173]. Com as

---

[171] Cf. HENRY, 1987: 197.

[172] O papel central de C. Gide na doutrina cooperativa e nas vicissitudes por que passou o movimento cooperativo francês justifica a tentativa de clarificar melhor a sua atitude perante o socialismo. Recordem-se palavras suas: "O que rompeu o vínculo fraternal entre a cooperação e o socialismo foi o facto de um belo dia, há dez anos atrás, os operários de França acreditarem ter descoberto que para a emancipação da classe operária, havia um meio mais expedito e mais seguro do que a cooperação: a saber, a revolução social. O povo deixou de ter fé na cooperação, desde que passou a ter fé na revolução" (GIDE, 1974: 61). E mais adiante interroga-se: "Não é injusto incluir os socialistas entre os inimigos da cooperação, quando um bom número de cooperadores, e dos melhores, são socialistas? No entanto, não deixa de ser verdade que um bom número de cooperativas morreram, ou não conseguiram nascer, por causa dos sentimentos de desconfiança que os socialistas, sobretudo os seguidores da doutrina marxista, suscitaram contra elas na classe operária, o que os sindicalistas também fizeram" (1974: 100). Mas C. Gide não deixa de afirmar que também ele e os seus seguidores se podiam chamar socialistas. E justifica: "Como eles, nós queremos realizar uma organização social muito superior à que vemos; como eles, protestamos contra as iniquidades da ordem social, contra as instituições que permitem aos ociosos satisfazer os seus caprichos, reservar para si a nata do fruto do trabalho; como eles estamos convencidos que se podem utilizar melhor tesouros de energia latentes que sem dúvida estão ocultos na massa e esperam o seu dia; como eles, esperamos um mundo novo onde não só estará assegurado um nível de vida suficiente para todos, mas em que também cada qual terá a sua parte nas alegrias da civilização" (1974: 101). Estes extratos mostram como algum pensamento cristão, que se assumia como anterior ao movimento operário, neste caso pela via cooperativa, apesar de se contrapor ao socialismo organizado, estava impregnado por alguns dos seus valores. Com GIDE, isso é bem claro e torna compreensível o papel que ele viria a desempenhar no processo conducente à unidade cooperativa em França.

[173] Sobre a Escola de Nîmes, Charles Gide afirmou: "Podemos dizer, pelo menos no que toca à França, que salvou a cooperação de uma dupla ameaça: por um lado, do novo socia-

suas raízes mergulhadas nos princípios de Rochdale, deu consistência doutrinária à prevalência das cooperativas de consumo, no âmbito da cooperação. E incorporou a ideia de uma República Cooperativa, como seu objetivo estratégico de última instância.[174] Para estes, o seu confronto com as teses dos socialistas radicava-se na opção por uma "cooperação livre" contra uma "cooperação socialista"; para os socialistas, o que se opunha à sua cooperação não era mais do que uma "cooperação burguesa".[175]

Esta controvérsia viria a cristalizar-se organizativamente de forma plena, quando em 1895 os cooperadores socialistas fundaram uma nova organização, a "Bourse Socialiste des Sociétés Coopératives". A esta "Bolsa", cuja designação tem clara conexão com as "Bourses du Travail" então existentes no campo sindical, correspondeu também uma escola doutrinária, a Escola de Saint-Claude, cuja notoriedade ficou muito longe da conquistada pela sua congénere de Nîmes. Não foi um episódio isolado.

---

lismo que, como temos dito, a negava e a reduzia ao papel de serva do partido operário; por outro, da economia política liberal, que a reduzia a simples caixa de aforro, ... e que só queria ver nela um meio de transformar o proletário em pequeno proprietário, pequeno capitalista, pequeno patrão, e fazer dele um defensor da ordem social existente, um escudo contra a revolução social. Contra a economia política do deixar fazer, a Escola de Nîmes (...) afirmou a ineficácia e a malignidade do que se denomina a livre competição e opôs a necessidade de uma organização social não dominada pela prossecução do lucro, mas sim uma socialização gradual, livre e pacífica, de todas as empresas. (...) A dupla característica desse movimento; o da Escola de Nîmes, é por conseguinte a de haver afirmado a autonomia da cooperação como programa especial, e a de ter reclamado a transferência do governo económico das mãos dos produtores para as mãos dos consumidores" (1974: 252).

[174] Identificando a República Cooperativa como "o verdadeiro objetivo da cooperação", Charles Gide resume assim o seu conteúdo: "transformação pacífica, mas radical, do regime económico atual, transferindo a posse dos instrumentos de produção, e com ela a supremacia económica, das mãos dos produtores que hoje os detenham, para as mãos dos consumidores. E como meios práticos: organização das sociedades em grandes federações, com acumulação de um fundo de reserva tão grande quanto possível, e criação de armazéns grossistas tão grandes quanto possível" (GIDE, 1974: 85).

[175] Cf. HENRY, 1987: 197.

A 2ª Internacional dava então os seus primeiros passos, a dinâmica política socialista acelerava-se, a força dos sindicatos ganhava consistência orgânica e atingia um ponto alto. Nesse mesmo ano, recorde-se, surgia a ACI, à qual no entanto, como se viu, a "Bolsa" só viria a aderir em 1902. Pode dizer-se que uma ativação do movimento operário, através das suas várias componentes, conduziu a uma agregação das cooperativas socialistas, que não haviam acompanhado a deriva independentista desencadeada em Marselha. Henri Desroche sintetizou assim o sentido destas vicissitudes: "... todo este período foi textualmente alimentado pelo desajustamento ou pelo reajustamento entre duas práticas: a prática socialista e a prática cooperativa" (1977: 167).

Ganhando mútua distância, quer a prática cooperativa, quer a prática política socialista, ficaram em melhor posição para uma melhor autoavaliação e para uma mais apurada consciência dos elos que deveriam manter entre si. A intervenção parlamentar crescente, viabilizada pela expansão do eleitorado socialista, foi abrindo as portas a uma política que não se reduzisse à preparação da tomada do poder pela força.[176] Uma ótica mais reformista e mais gradualista, permitia e exigia, um alargamento e uma sofisticação das frentes de luta. A circunstância de a cooperação socialista estar organizada autonomamente, tornou mais fácil um processo de reavaliação do seu lugar no processo político global. Paralelamente, a Escola de Nîmes, desenvolvendo-se doutrinariamente sob a égide de GIDE, relativizou com naturalidade a sua demarcação do socialismo, na esteira aliás de um maior vigor reformista assumido pela ACI.

---

[176] Num prefácio célebre a um texto de MARX, ENGELS em 1895, sublinha a centralidade da luta eleitoral para os sociais-democratas alemães, a importância do crescimento do número de eleitores, e diz: "Ora, só há um meio para conter momentaneamente o crescimento continuado das forças combatentes socialistas na Alemanha e mesmo de o fazer regredir por algum tempo, é um confronto de grande envergadura com as tropas, um massacre como em 1871 em Paris" (1965: 49). Mas ENGELS vai mais longe: "A ironia da história mundial põe tudo de cabeça para baixo. Nós os "revolucionários", os "agitadores", prosperamos muito melhor pelos meios legais do que pelos meios ilegais e pela agitação" (1965: 50).

A cicatrização do golpe de Marselha volta a parecer possível. E é aí que, tal como GIDE, do lado dos cooperativistas, JAURÉS, simetricamente, contribuiu para a aproximação, do lado dos socialistas. Vai tomando corpo, desse modo, uma aproximação entre a "União" gideana e a "Bolsa" socialista. A reflexão neste último campo revestiu-se de extraordinária riqueza, como dinâmica clarificadora do estatuto das relações entre a ação cooperativa e as que com ela partilham o espaço do movimento operário, tendo constituído um processo de amadurecimento de mais de uma dezena de anos. Logo em 1899, podem ser assinalados dois pontos de referência sintomáticos. O *"Mouvement Socialiste"*, revista fundada por Jean Jaurès, "considera as cooperativas e os sindicatos como meios de defesa e de ataque para uma preparação da organização socialista. Eles devem ser também uma escola de educação prática e de formação administrativa" (cit. por HENRY, 1987: 198). O tom afasta-se da tentação instrumentalista, tão difundida nos tempos da rutura.

Na mesma revista, em 15 de Outubro desse ano, Marcel Mauss[177] destaca a importância das "organizações económicas operárias", "base sólida para a ação política", permitindo que "a emancipação total do proletariado comece no interior da sociedade capitalista"; e por isso mesmo, "o sindicato e a cooperativa socialistas são o fundamento da sociedade futura". Esteios que a protegem contra a reação, "eles serão a pessoa moral para os quais se poderá transferir a propriedade atual". "As conquistas da ação sindical e da ação cooperativa são já hoje esplêndidas. Fazem a força e a resistência do socialismo, são os seus meios de criação" (cit. por DESROCHE, 1976: 90).

---

[177] Marcel Mauss, o eminente antropólogo francês, foi, ao lado de JAURÉS, uma das figuras cimeiras no combate pela unidade cooperativa, cujo feliz desenlace ocorreria, como se sabe, em 1912. Foi MAUSS, aliás, o relator sobre relações internacionais no 1º Congresso Nacional e Internacional da Cooperação Socialista, realizado em França em 1900, quiçá uma tentativa da "Bourse Socialiste" de criar um movimento cooperativo internacional socialista, à margem da ACI. O que, como se sabe, falhou, vindo a *"Bourse"* a aderir à ACI em 1902. Aí ele avança com um programa federativo internacional extremamente ambicioso, claramente global, cuidadosamente faseado, não muito afastado da ótica gideana da República Cooperativa (cf. MAUSS, 1977: 187 e ss).

Desenhava-se a teoria dos "três pilares" do socialismo (partido, sindicato, cooperativa) que se afirmaria plenamente no Congresso da "Bourse Socialiste" de 1900[178], com a unânime aprovação de uma moção de JAURÉS, impregnada por esse espírito. Como então se afirmou: "O sindicato não tem o mesmo objeto do que a cooperativa. O sindicato e a cooperativa não têm o mesmo objeto que o grupo político propriamente dito... e quanto mais as funções desses organismos são diversas, mais é preciso que esses organismos formem um feixe compacto e se fundam na unidade superior do pensamento socialista... mas não basta que a cooperação se torne socialista, é preciso que o socialismo se torne cooperador". (Cit. por HENRY, 1987: 227). Teoria dos "três pilares" que nas já citadas palavras de DESROCHE, "remetia para o museu dos erros os anátemas de outrora" (1976: 89).

Deve dizer-se que ela traduz, com simplicidade e clareza, uma dinâmica sociopolítica desenvolvida em várias frentes. Na verdade, em 1905, o movimento operário francês passava a dispor de um partido político realmente representativo: após um processo de amadurecimento de mais de uma década, era constituída a SFIO[179]. Especialmente vocacionado para as pugnas eleitorais, não deixava de se assumir como revolucionário e anticapitalista[180]. No ano seguinte, no Congresso de Amiens, uma ofensiva falhada dos "guesdistas", leva a CGT a adotar a chamada *"Charte d' Amiens"*, onde se consigna a autonomia sindical em face do Partido[181], abrindo caminho à hegemonia dos "sindicalistas revolucionários". Em 1907, no Congresso da SFIO, em Nancy, uma moção apoiada

---

[178] Veja-se nota anterior, onde se refere o mesmo Congresso. Tenha-se presente que na *"Bourse Socialiste"* se enfrentavam duas correntes, uma que encorajava "a cooperação como meio de emancipação dentro do espírito do socialismo"; e outra que encarava o movimento cooperativo como "um anexo ou uma alavanca do Partido socialista" (HENRY, 1987: 197). A posição assumida neste caso traduz uma hegemonia da primeira das correntes, como é óbvio.

[179] A SFIO (Secção Francesa da Internacional Operária) foi desde sempre o Partido Socialista Francês, mas só viria a adotar esse nome já na segunda metade do século XX, no quadro da renovação protagonizada pela liderança de François Miterrand.

[180] Cf. REBERIOUX, 1974: 195 e ss.

[181] Cf. LEFRANC (1965: 27) e REBERIOUX (1974: 215).

por J. Jaurés e Albert Thomas coloca os "guesdistas" em minoria, ao manifestar consonância com a "Charte d'Amiens", valorizando assim a ação sindical a par da ação política[182].

Tratava-se pois de uma procura da unidade operária que transcendia a unidade socialista, ou a encarava como convergência de uma pluralidade doutrinária. A teoria dos "três pilares" não era apenas uma proposta de um estatuto novo e estável das relações entre as cooperativas e o conjunto do movimento operário, mas uma certa ideia de como este devia adquirir uma consistência nova, através de uma articulação flexível entre as três componentes, que pudesse salvaguardar a autonomia de cada uma, sem impedir a conjugação de esforços entre todas. A prevalência dos pontos de vista de JAURÉS entre os socialistas só produziu efeitos, em virtude da correspondente prevalência das posições de GIDE, no seio da "União Cooperativa", as quais contavam quer pela sua determinação unitária, quer pela carga anticapitalista dos seus pontos de vista.

O combate pela unidade cooperativa foi especialmente duro no seio da "Bourse Socialiste", tendo sido durante anos minoritária a posição que a defendia. Eugène Fournière, um dos seus mais determinados defensores, concordando com a opinião de GIDE, que referira a proximidade doutrinária das Escolas de Nîmes e de Saint-Claude, apontava entre ambas uma diferença que qualificava como "não essencial": "Os socialistas procuram a socialização através do Estado, da comuna e da cooperativa, enquanto os cooperatistas a procuram unicamente através da cooperação. Mas assim como estes não perturbam aqueles no seu plano de socialização pelo Estado e pela comuna, perguntamos que razão haverá para nos impedir de nos juntarmos a eles para socializar através da cooperação." (FOURNIÈRE, 1910: 12)[183]. E a atitude que abriria, pelo lado dos socialistas, a porta da conciliação, consumada em Tours, em 1912, pode resumir-se nesta frase de FOURNIÈRE: "Todos os

---

[182] Cf. REBERIOUX, 1974: 215.
[183] Eugène Fournière liderou no âmbito da *"Bourse"* a corrente unitária, tendo sucedido a Benoit Malon à frente da *Revue Socialiste*. Albert Thomas viria a juntar-se-lhe, constituindo um precioso reforço para as suas posições (cf. GUESLIN, 1987: 240).

socialistas devem ser cooperadores, não para servir o seu partido, mas para realizar todo o socialismo que a cooperação contém" (1910: 77).

Do congresso da unidade entre as duas grandes organizações cooperativas francesas, como afirmou o historiador cooperativista suíço Hans Muller, resultaria: "Um compromisso, ou melhor uma síntese, da ideia marxista da luta das classes, do socialismo operário revolucionário e desse pensamento religioso, solidarista e fraternal dos cristãos sociais" (cit. por HENRY, 1987: 272). Uma síntese que recolocou as cooperativas na constelação operária, com plena salvaguarda da sua autonomia. É o que se vê com clareza nas palavras de Ernest Poisson, ao referir-se às cooperativas, dois anos depois do Congresso de Tours: "A cooperativa surge sempre estreitamente ligada, quer ao processo de evolução capitalista, quer ao movimento operário que se ergue contra esse capitalismo. É aonde uma classe operária suporta o peso da exploração capitalista, onde assume por reflexo o espírito de associação, que se desenvolvem as cooperativas de consumo, todas as cooperativas operárias" (POISSON, 1914: 42)[184].

4.4. Bélgica

A repercussão internacional da experiência cooperativa belga resultou, em primeira linha, da especificidade da sua inserção no contexto operário. Ao longo do século XIX, a Bélgica viu projetar-se nas lutas dos seus trabalhadores uma influência francesa, através da Valónia, e uma influência alemã, por intermédio da Flandres. Um olhar para a evolução do socialismo neste país mostra que ela acompanhou de perto a da França, embora tivesse escapado aos confrontos dramáticos aí ocorridos. O elevado número de exilados políticos a viver em Bruxelas tornou mais forte e mais fácil a ligação à 1ª Internacional[185].

---

[184] Ernest Poisson escreveu *La Coopération Nouvelle*, donde se extraiu esta citação, quando era o Secretário Geral da Federação Nacional das Cooperativas, resultante da fusão decidida em Tours, em 1912 (cf. GUESLIN, 1987: 242). POISSON havia já sido dirigente da 'BOURSE'. Estava assim em excelente posição para comentar a situação cooperativa em França e para efetuar um balanço dos resultados da unidade conseguida pouco tempo antes.

[185] Cf. DROZ, 1972: 535.

No âmbito da influência francesa, PROUDHON foi uma referência proeminente nos anos 60 do séc. XIX. Na década seguinte, desencadeou-se uma vida sindical com algum significado; e as cooperativas tornaram-se uma realidade social consistente[186-187]. Não se pense, contudo, que a organização socialista na Bélgica foi mera sombra da francesa. A sua diversidade nacional não impediu um processo congregador das diversas zonas associativas. Em vez da multiplicidade de organizações, preferiram congregar-se no *Parti Ouvrier Belge* (POB) "grupos políticos, sociedades de socorros mútuos, sindicatos e as poderosas cooperativas socialistas". E assim: "O POB surge, no sentido pleno da palavra, como a classe operária nacionalmente organizada" (REBERIOUX, 1974: 322).

O processo que levou à constituição do POB desencadeou-se em 1879 com o aparecimento de um Partido Socialista Belga[188], de limitada representatividade e sem a consistência necessária. Só em 1885, viria a surgir uma força política com alguma implantação entre os trabalhadores, o POB[189]. No conjunto das estruturas que participaram no ato fundador, as cooperativas eram as mais fortes. Foram de início o seu principal esteio, até que, no fim dos anos 20 do século XX, esse papel passou a caber aos sindicatos (cf. PUISSANT, 1988: 323).

---

[186] Cf. DROZ, 1972: 541.

[187] Jacques Droz encontra dois aspetos que se lhe afiguram como específicos do socialismo belga: 1. "o elo entre o socialismo por um lado e as manifestações de livre pensamento, ou mesmo de ateísmo militante"; 2. "o lugar considerável dado pelos socialistas belgas ao princípio da descentralização administrativa e funcional, sem no entanto chegar à negação anarquista do Estado". Isto mesmo está patente no carácter federativo que viria a ter o partido, "baseado em grupos económicos de trabalhadores, em cooperativas e mutualidades, de tal modo que possa tornar-se realmente a expressão das aspirações de todos os trabalhadores nos diversos aspectos das suas atividades profissionais" (1972: 542).

[188] Após a 2ª Guerra Mundial, o POB viria a ser reorganizado, passando a basear-se em inscrições individuais e a chamar-se PSB (Partido Socialista Belga), retomando o nome dessa tentativa falhada (cf. PUISSANT, 1988: 323).

[189] Sob a iniciativa das ligas operárias, organizadas em Bruxelas em 1884, reuniram-se no ano seguinte em representação de "todos os grandes centros do país: sete ligas, cinco cooperativas, cinco sociedades de socorros mútuos, vinte e seis sindicatos, dez grupos democráticos e sete secções do Partido socialista". Estas estruturas fundaram o POB. As cooperativas, em 1911, representavam ainda 37% dos membros do partido (cf. REBÉRIOUX, 1974: 322 e ss).

O efeito propulsor das cooperativas, no desenvolvimento do socialismo operário belga, fez-se sentir em diversos planos. Eram um precioso local de encontro e reunião, e como elo entre iniciativas diversificadas, facilmente geravam novos grupos e associações. Ativas na proteção social, foram alfobres naturais de mutualismo. Com os seus recursos apoiavam financeiramente a atividade política socialista. Pela sua própria natureza, acabavam por ser, também, organizações de treino para os futuros quadros partidários e sindicais (cf. Puissant, 1986: 38). Embora as cooperativas socialistas belgas possam ter sido invocadas em apoio das posições implícitas na teoria dos "três pilares", difundida em França, (cf. Desroche, 1976: 89) o certo é que elas se fundiram no contexto operário de um modo muito mais profundo do que o implicado por essa teoria. Pode dizer-se que tinham um lugar próprio numa estrutura comum, sendo a componente básica de um sistema organizativo que, embora único, possuía uma textura diferenciada[190].

As tensões que o atravessavam eram, por isso, diferentes das que se manifestaram em países, onde a estruturação do movimento operário assumiu outro perfil, como foi o caso exemplar da França, que já se analisou. Aqui, durante todo o longo período conformador, a congregação das componentes do movimento operário não foi quebrada e nela as cooperativas foram proeminentes[191], tornando-se num verdadeiro "apoio logístico para o conjunto das organizações e dos militantes do POB" (Puissant, 1986: 39).

A sua importância como elemento potenciador da força política dos socialistas belgas revelou-se com nitidez através do comportamento das outras áreas político-ideológicas. Na verdade, quer os cató-

---

[190] Paul Lambert fala numa "fusão quase completa – e que se manteve até à segunda guerra mundial entre partido político, cooperativas, sindicatos e mutualidades" (1975: 138).
[191] Foi com feliz expressividade que Destree e Vandervelde escreveram: "as mútuas, os sindicatos, os grupos políticos que se ligam às nossas grandes cooperativas de consumo não são, por assim dizer, mais do que acessórios, dependências, as chalupas de um transatlântico, os torpedeiros que acompanham um couraçado (...). O POB com base na sua organização económica prepara-se para fundar o poder político do proletariado" (cit. por Puissant, 1986: 40).

licos, quer os liberais, desencadearam ações cooperativas, em conjunção com a sua atividade política e sindical, dando assim corpo a estratégias globais. Procuravam assim impedir que o POB conseguisse e solidificasse um monopólio de representação dos trabalhadores belgas (cf. PUISSANT, 1986: 29). As cooperativas lançadas pelos liberais não lograram expandir-se significativamente, acabando por se diluir no conjunto da cooperação neutral que, embora com pouca expressão, entretanto surgira[192]. Já a dinâmica cooperativa do sector católico foi muito mais relevante, tendo originado um movimento de grande repercussão social.

"O mundo católico percebeu bem depressa a utilidade, senão mesmo a exigência, de se inserir no movimento cooperativo para se opor também neste terreno à crescente influência socialista no meio operário e impedir o contágio no mundo camponês" (PUISSANT, 1988: 315). Foi com base na sua implantação rural que os católicos construíram a estrutura cooperativa. A partir das Ligas Camponesas ("Boerenbond"), oriundas da Flandres, estenderam-se por todo o país, chegando a outros sectores de atividade.[193] O bloco cooperativo, assim gerado, manteve-se vivo, ao longo de todo o século XX.

Efetivamente, na Bélgica, a grande maioria das cooperativas agregou-se com base em fatores político-ideológicos explícitos e assumidos: dum lado os socialistas, do outro, os cristãos. Blocos esses, por sua vez,

---

[192] Embora a prática cooperativa dominante na Bélgica apontasse para uma inserção em grandes conjuntos político-ideológicos, certas camadas sociais intermédias lançaram um movimento de cooperativas neutras (p. ex., União Económica de Bruxelas, 1886).
A tentativa de penetrar na classe operária levou, aliás, alguns liberais mais conservadores a tentarem constituir um Partido Operário Liberal. Falhou, mas sobreviveram algumas iniciativas de cooperação que eram parte desse projeto (cf. PUISSANT, 1986: 29).

[193] Sobre o *"BOERENBOND"*, escreveu MLADENATZ: "As organizações económicas dos agricultores belgas carecem de autonomia. A Liga dos Camponeses ("Boerenbond") fundada em 1890, que tem a sua sede em Lovaina, centro do clericalismo belga, é o organismo central de obras religiosas, morais, económicas e sociais, realizadas pelos agricultores deste país" (1969: 121).

Referindo-se às cooperativas católicas, PUISSANT considera que "no plano institucional a diferença fundamental consiste no papel das personalidades (burgueses e eclesiásticos, financiadores e administradores vitalícios)" (1986: 29).

englobados por conjuntos políticos ainda mais amplos, envolvendo sindicatos e partidos. E se a cooperação socialista se inseria no movimento operário, a cristã visava garantir um espaço de influência entre os trabalhadores belgas, não sendo realista encará-la sem pesar essa sua finalidade genética.

Esta explícita demarcação de campos não impediu que algumas questões tivessem sido suscitadas, constituindo objecto de debate. Foi o que aconteceu, quer com a conexão entre o socialismo e a prática cooperativa, quer com a utilidade que as cooperativas tinham como fatores de transformação da sociedade. E, como pano de fundo, nunca desapareceu totalmente a tensão entre as servidões do quotidiano cooperativo e a esperança inscrita no horizonte socialista. O eco dessas questões e a visibilidade desta tensão foram variando ao sabor das próprias dinâmicas sociais e da evolução do movimento cooperativo, no seu todo.

Como escreveu VANDERVELDE, um dos dirigentes históricos do POB: "A verdade é que, socialista na origem, o movimento cooperativo se separou a pouco e pouco do socialismo, de tal modo que os dois movimentos chegaram a opor-se um ao outro, tendo-se no entanto reaproximado de novo nestes últimos anos, e tendendo hoje a reaproximarem-se cada vez mais" (1913: 4).

Procurando um contexto explicativo do caminho seguido pelo POB, encarado em ligação com outros partidos socialistas europeus, Madeleine Reberioux salienta a prevalência do reformismo entre os socialistas europeus, durante o período que decorreu entre 1894 e 1914. E conjuga com essa prevalência um surto paralelo de prosperidade económica, o que permitiu uma atuação mais solta, quer aos sindicatos, quer às cooperativas operárias (cf. REBERIOUX, 1974: 325). Realmente, se uma relativa prosperidade atenua as pulsões sociais de rutura, a proeminência das lutas eleitorais no palco político e a ausência de expectativas de tomada do poder a curto prazo, configuram um cenário onde cabem harmoniosamente a luta sindical e a ação cooperativa.

Mas a agregação orgânica das várias componentes num único bloco, como se disse, não impediu um debate continuado sobre o estatuto das relações entre o socialismo e a cooperação. Louis de Brouckere, um outro destacado expoente do POB, viria a sintetizar com clareza as posições dos que sublinhavam a intimidade dessas relações.[194] Isso mesmo ressaltava nas missões próprias das cooperativas: 1. "conservar os trabalhadores unidos e organizados durante os períodos de crise"; 2. "desenvolver entre os trabalhadores o sentido agudo das responsabilidades e a capacidade de gestão, através de uma experiência prolongada de negócios"; 3. "demonstrar em termos inequívocos o valor do socialismo"; 4. "servir os objetivos práticos do POB pondo à sua disposição homens de ação, favorecendo a sua propaganda pelo exemplo das realizações cooperativas e fornecendo-lhe os recursos indispensáveis" (BROUCKERE, 1939: 46-47).

Esta perspetiva multilateral mostra, por contraste, a pobreza das visões instrumentalistas, que reduziam a cooperação a uma arma de circunstância, e a inconsistência das que se esgotavam nos projetos de longo prazo, insensíveis ao dia-a-dia. No entanto, não se pode passar por cima de algumas das implicações dessa realidade e das doutrinas e ideias correspondentes. A ação cooperativa traduziu-se, é certo, num meio de realização e de dignificação de muitos militantes operários, num estímulo ao seu espírito de iniciativa e ao adestramento para os negócios. Mas, talvez por isso mesmo, tenha representado também um reforço das posições moderadas dentro do POB, sendo um sustentáculo material e um suporte político do reformismo mais prudente[195].

Assim se compreende melhor que a esquerda do POB tivesse, por vezes, adotado uma atitude crítica em face da prática cooperativa. Henri de Man exprimiu sugestivamente essa desconfiança: "Não é o espírito de luta que anima, ou que deveria animar, o sindicalismo ou o partido que penetra nas cooperativas, mas são, pelo contrário, as tendências conservadoras pequeno-burguesas, adquiridas nas cooperativas

---

[194] Ele referia-se, entre outros, a Louis Bertrand e a Edouard Anseele.

[195] É sugestiva a síntese de Jean Puissant: "O papel da cooperação no movimento socialista na Bélgica é considerável: ela dá-lhe os meios materiais para se desenvolver, mas ao mesmo tempo exerce uma profunda influência institucional sobre a sua evolução. Por outro lado, contribui para o crescimento de uma categoria social específica, uma classe média no seio do POB, portadora de uma praxis e de fatores de ordem ideológica que não deixam de ter efeito sobre a sua evolução política" (1986: 45).

e exageradamente desenvolvidas que têm influenciado as outras organizações (...). O movimento cooperativo tem, como um caldo de cultura, feito renascer o espírito da pequena burguesia no seio das massas proletárias" (cit. por PUISSANT, 1986: 44)[196].

Mostrando que se estava perante atitudes permanentes e sensibilidades opostas, existentes no seio do POB, pode recorrer-se a palavras de Louis Bertrand, um outro dirigente histórico do socialismo belga, proferidas alguns anos antes, e reveladoras de uma lógica oposta à da posição de MAN: "Ouvindo-os, parecia que a revolução social era inevitável, fatal e próxima. Não havia pois mais do que deixar que a velha máquina burguesa se gastasse por si própria e rebentasse um belo dia para dar lugar à sociedade socialista. Todos os que falavam de sufrágio universal, de sindicatos, de mutualidade, de cooperação, numa palavra, de organização da classe operária, eram tratados como sonhadores. Qualquer tentativa deste género era antecipadamente combatida e condenada sem piedade" (cit. LAMBERT, 1975ª: 138)[197].

No fundo, o cerne da contraposição mostrada parece ser: entre a ideia de que a ação cooperativa era um fator de adormecimento, numa conjuntura conflitual de desenlace próximo, elemento que absorvia

---

[196] Henri de Man, uma das figuras mais destacadas do POB, mais tarde envolvido numa deriva ideológica e política que o tornou ambíguo e controverso, promoveu em 1911 uma *"Centrale d'Education Ouvrière"*, destinada precisamente a contrabalançar o excessivo pendor gestionário originado pela proeminência das cooperativas. Num texto do mesmo ano, ele não hesitou em falar num "cretinismo cooperativo", na esteira da expressão "cretinismo parlamentar" com que os adversários da exclusividade da ação legal caricaturavam a ação parlamentar dos partidos operários. Aliás já, nas suas *Reflexões sobre a violência*, G. Sorel falara na "drogaria elevada a sacerdócio" do socialismo belga (cf. PUISSANT, 1988: 159-160).

[197] Louis Bertrand amadurecera os seus pontos de vista sobre a cooperação, demarcando-se, quer dos que a encaravam exclusivamente como uma fonte de vantagens materiais, quer dos que quase a reduziam a uma etapa no caminho para a abolição do salariado. Procurando situá-la entre essas posições escreveu: "A cooperação é um meio poderoso de organização da classe dos não possuidores. É uma escola de educação económica e comercial, permite à classe operária viver mais em conta, adquirir mais força, mais lazeres, mais instrução e assumir dia após dia um lugar cada vez mais preponderante na nação e chegar assim ao governo do país" (BERTRAND, 1977: 170).

energias necessárias nas zonas de conflito mais agudo; e a que via nela um fator de amadurecimento, num processo de longa preparação da classe trabalhadora, elemento discreto de irradiação e de difusão dos seus valores e das suas propostas. Meio ilusório para uns, meio eficaz para outros, não seria a cooperação mais do que isso? Comentando precisamente a experiência belga, Paul Lambert vai mais longe: "Verdadeiramente, a cooperação não é mais do que um meio? É necessário que nos entendamos acerca desta palavra. Em certo sentido, é um meio, como o é qualquer instituição, como o é o socialismo integral: um meio de elevar o homem. Mas não o é no sentido de uma ferramenta que se deita fora depois de utilizada: é uma forma definitiva da atividade humana" (LAMBERT, 1975ª: 141).

4.5. Itália

O movimento cooperativo italiano estruturou-se em termos semelhantes ao belga, sem todavia ter tido papel determinante na criação de um partido operário e sem ter sido seu principal esteio durante um período prolongado. Em Itália, a problematização doutrinária do cooperativismo foi mais uma projeção de perspetivas político-ideológicas globais do que uma reflexão teórica radicada na prática cooperativa.

No cooperativismo italiano do século XX, pelo menos até ao início dos anos 90, avultaram quatro grandes organizações de âmbito nacional, impregnadas por opções ideológicas específicas, refletindo clivagens que, ao menos em parte, cedo se manifestaram[198]. Mas, mesmo nos casos de uma mais nítida correspondência entre uma estrutura cooperativa e as organizações que nos campos político e sindical refletem os mesmos valores, é grande a sua recíproca autonomia. O grau de integração

---

[198] As quatro organizações são: a Lega Nazionale delle Cooperative e Mutue, a AGCI (Associação geral das cooperativas italianas), a Confecooperative (Confederação das cooperativas italianas) e a UNCI (União nacional das cooperativas italianas). Existia também, mas já desapareceu, a Federconsorzi, "uma sociedade cooperativa" do 2º grau, de responsabilidade limitada, cujos membros são "consorzi" agrícolas, cooperativas de 1º grau, elas também de responsabilidade limitada. (...) A sua base social é constituída por produtores agrícolas individuais e associados (cerca de 400.000). Os "consorzi" são 75, dos quais 58 são provinciais e 17 interprovinciais (CESCE, 1986: 641).

das cooperativas, no seio de cada um dos blocos, nunca foi tão grande como na Bélgica, não se tendo revestido da mesma organicidade.

Na primeira metade do século XIX, a questão nacional italiana polarizou de tal modo as energias sociopolíticas que a luta pelo socialismo ocupou uma discreta penumbra, aparecendo quase sempre ligada à luta pela independência e unidade da Itália. Aqui estará uma das razões para a modéstia do contributo dos italianos, durante este período, para o património teórico do socialismo. Sem esquecer a presença de MAZZINI,[199] nem a influência de PROUDHON, realmente, a luta pelo socialismo só ganhou verdadeiro relevo a partir da Comuna[200].

Não há unanimidade de opiniões quanto aos efeitos da organicidade das clivagens político-ideológicas no movimento cooperativo italiano. Há quem refira um acréscimo de coesão, suscitado pela unidade de cada bloco, superadora das desvantagens resultantes da existência de vários conjuntos organizados separadamente[201]. Outros, no entanto, destacam a fragilidade inerente à divisão do movimento, em grandes grupos sem ligações orgânicas entre si[202]. Sem cair num ecletismo estéril, pode talvez vislumbrar-se alguma razão em cada um dos pontos de vista, podendo a busca de uma concertação pontual nos momentos decisivos e nos aspectos estratégicos, conviver com a coesão de cada grupo, se as diferenças forem mais um estímulo propulsor do que uma rivalidade paralisante.

---

[199] Giuseppe Mazzini (1805-1872), não tendo sido um socialista assumido, teve uma influência apreciável no socialismo italiano. Como cooperativista, o seu pensamento teve o maior relevo e marcou uma das linhas de evolução da doutrina cooperativa italiana, que poderá designar-se como cooperação republicana. Foi também o expoente mais relevante da emigração política do princípio do século XIX, que viria a contribuir para a difusão do ideal cooperativo em Itália (cf. BRIGANTI, 1988: 197 e ss).

[200] Cf. GUICHONNET, 1974: 237 e ss.

[201] Por exemplo, Santos Hernandez (1990: 44 ss) considera que, embora as clivagens políticas que atravessam o movimento cooperativo italiano impeçam que exista apenas uma organização, à escala nacional, produzem uma grande coesão no interior de cada grupo cooperativo.

[202] É o caso, por exemplo, de Giovanni Ancarani (1984: 34), para quem entre os fatores de debilidade do movimento cooperativo italiano está "em primeiro lugar, a falta de unidade do movimento, diferentemente do que acontece noutros países europeus".

Mas o confronto de posições no seio do cooperativismo manifestou-se em Itália, mesmo antes de o movimento operário adquirir um protagonismo visível, como dinâmica autónoma de luta pelo socialismo com repercussão social relevante. Republicanos e liberais, com MAZZINI e LUZZATTI, protagonizaram essas primeiras clivagens. G. Ancarani sintetizou expressivamente o que os distinguia: para o primeiro, "a cooperação devia ser um princípio geral de organização social e tornar-se a estrutura fundamental do sistema económico, unificando capital e trabalho, pelo que devia ser ajudada pelo Estado";[203] para o segundo, "a cooperação devia apoiar-se nas empresas privadas no âmbito do sistema capitalista, ser praticada pelos trabalhadores e pelas classes médias, que deveriam contar apenas com a sua capacidade de poupança e acumulação" (ANCARANI, 1984: 34)[204]. Conhecidas estas perspetivas, facilmente se percebe que à prática cooperativa inserida no movimento operário e socialista correspondessem outros horizontes.

---

[203] Maurizio Degl'Innocenti classifica nestes termos a posição das forças democráticas de raiz mazziniana: "A cooperação apresentava-se-lhes como o desenvolvimento consequente do associativismo das sociedades operárias e de socorros mútuos, como uma espécie de realização da fórmula mazziniana "liberdade e associação" (...), cuja "substância era a recusa da luta de classes à qual se contrapunha a luta contra a ignorância e a imprevidência, e sobretudo a conciliação entre capital e trabalho". E mais adiante, sublinhando que "a cooperação representou para os republicanos também um objetivo que se inseria numa perspetiva política mais complexa", frisa que: "A conceção de fundo que permanece característica dos republicanos era a interpretação da cooperação como "ajuda mútua" e como "livre associação", em contraposição às organizações socialistas" (DEGL'INNOCENTI, 1977: 54 e 55).

[204] Luigi Luzzatti (1841-1927), político, universitário e autor de obras económicas, lançou em Itália, a partir de 1864, o movimento de criação dos Bancos Populares (PINHO, 1962: 165); viria a chefiar um governo em 1910-11. Radicando-as no mutualismo, DEGL'INNOCENTI caracteriza assim as posições de LUZZATTI: "O liberalismo social era também portador de uma perspetiva global, na qual a cooperação tinha um lugar central, mas também ligada intimamente à previdência e à legislação social" (DEGL'INNOCENTI, 1977: 43). E mais adiante: "O liberalismo social por intermédio da cooperação de crédito, dos sindicatos agrícolas, dos consórcios, etc., visava sobretudo a difusão e a consolidação da pequena e média propriedade rural, e também o objetivo de manter o equilíbrio entre cidade e campo" (ibid.: 46).

Nas últimas décadas do século XIX, enquanto empreendiam a construção de um partido operário, os socialistas foram animadores importantes do desenvolvimento cooperativo[205], que encaravam como expressão do trabalho associado e fator relevante de renovação social[206]. Mas logo nos anos 80, em simultâneo com o irradiar da prática cooperativa, emergiam, no seio do próprio movimento operário, reservas e dúvidas quanto ao seu valor[207]. É uma clivagem comum a socialistas de outros países, separando quem aposta na cooperação como alavanca de progresso, de quem a critica como ilusão adormecedora e desviante.

Entre os dirigentes socialistas que maior lucidez revelaram perante o fenómeno cooperativo, destacou-se Andrea Costa, que já em 1885 defendia com equilíbrio as virtualidades da ação cooperativa. Encarando a associação, em geral, como o "melhor meio a que o proletariado pode recorrer para reconquistar os seus direitos humanos", entre as práticas a ela subjacentes dava relevo às sociedades de socorros mútuos, às cooperativas e às associações de resistência, embora atribuísse um papel central à criação de "um partido de classe, um partido político-social, operário e socialista, oposto a todos os outros partidos políticos de poder" (cit. por ZANGHERI, 1987: 150). E embora COSTA visse nas cooperativas "um bom meio de organização operária" que podia "contribuir para a emancipação dos trabalhadores", considerava que elas não podiam "ser um remédio geral" (1987: 150). Sem acalentar excessivas expectativas globais, COSTA[208] procura analisar as virtualidades da cooperação a partir dos seus efeitos práticos e não de preconceitos ideológicos perecíveis, sublinhando a necessidade de uma ampla par-

---

[205] Entre os milhares de cooperadores socialistas, podem destacar-se nomes como os de: Andrea Costa, Nullo Baldini, Camilo Prampolini e Gregorio Agnini (cf. ZANGHERI, 1987: 146).

[206] Cf. ZANGHERI, 1987: 146.

[207] Cf. ibid.: 148.

[208] Apesar disso, sobre A. Costa escreveu U. Rabbeno, um dos históricos do movimento cooperativo italiano: "não ousaremos por certo sustentar que o "onorevole" Costa encare a cooperação como ideal em si mesmo, que muito provavelmente ele apenas considera meio transitório de preparação para o socialismo" (cit. por TREZZI, 1982: 77).

ticipação dos socialistas na prática cooperativa[209]. Este tipo de reflexões e a experiência cooperativa de muitos socialistas tornaram possível que em 1892, ao fundar-se o partido socialista, se confirmasse a possibilidade, já admitida em 1887 nos estatutos do Partido Operário Italiano,[210] de as cooperativas poderem aderir a ele enquanto coletivos (cf. TREZZI, 1982: 166).

A *Federazione Nazionale delle Cooperative* é, entretanto, fundada em 1886, tomando o nome de *Lega Nazionale delle Cooperative*, em 1893, e vindo a ser uma das organizações promotoras do Congresso Cooperativo Internacional de Londres, onde nasceria a ACI, em 1895 (cf. BRIGANTI, 1988: 200 e ss). Fundada, quando no universo cooperativo italiano prevalecia ainda a cultura liberal (cf. TREZZI, 1982: 71), a *"Lega"* viria a entrar na órbita socialista[211], no âmbito de um processo em que teve especial relevância a decisão do seu IIº Congresso, de promover uma coordenação com "o movimento geral de organização e melhoramento das classes trabalhadoras"[212]. O que é compreensível, se for lembrado que a cooperação de raiz operária e socialista tinha como um dos seus elementos básicos a procura de um elo permanente com as organizações dos trabalhadores, "fundado no princípio da emancipação dos trabalhadores e na resistência" (DEGL'INNOCENTI, 1977: 59).

Foi a própria abertura da *"Lega"* a esse espaço social que acelerou a mutação de hegemonia dentro de si, numa dinâmica potenciada, poucos anos depois, com a criação do Partido Socialista.

"Socialismo" era uma ideia central de todo este processo, palavra conotada com insatisfação e protesto, para largos sectores da popula-

---

[209] Cf. ibid.: 150.
[210] Em 1885, foi criado o "Partido operário italiano", organizado essencialmente na Lombardia, em torno das associações de ofícios, tendo como principal animador o tipógrafo Constantino Lazzari. Juntaram-se-lhe as Ligas Camponesas do Vale do Pó (cf. GUICHONNET, 1974: 259). No Congresso de Pavia, em 1887, incluiria nos seus estatutos a disposição referida (cf. ZANGHERI, 1987: 166).
[211] Deve ter-se presente que: "Na Itália, na cooperação confluíram tendências socialistas bastante diversas, e, o que teve uma grande importância, não coligadas entre si, nem mesmo depois da constituição do partido socialista" (DEGL'INNOCENTI, 1977: 58).
[212] Cit. por TREZZI, 1982: 77.

ção. "O termo de contornos fluidos, tem então uma vasta ressonância e uma aceção muito ampla. Recobre um conglomerado de individualidades, de iniciativas e de organizações. Nele se encontram intelectuais e operários, ligas de resistência, grupos de trabalhadores rurais, sociedades de socorros mútuos, cooperativas de consumo, círculos de cultura, formações anticlericais, republicanas e patrióticas, mais ou menos estruturadas e federadas. Serão acolhidas sem reserva no Partido dos trabalhadores como "uma matéria bruta primitiva na qual será insuflado o espírito socialista" (G. Manacorda)" (GUICHONNET, 1974: 262). Por isso, se entende que o Partido dos Trabalhadores Italianos (mais tarde Partido Socialista Italiano), criado em Génova em 1892, admitisse quer membros individuais, quer associações[213].

Um dos temas de controvérsia, no seio do movimento operário e socialista, vinha sendo o do valor emancipatório da cooperação na conjuntura italiana. Os mais moderados tendiam a ampliá-lo, os mais radicais a diminuí-lo. Os mais esclarecidos encaravam-na com menos simplismo. TURATI, por exemplo, um dos mais destacados dirigentes socialistas, valorizava as virtualidades da experiência belga, mas achava problemática a sua aplicabilidade na Itália. Entendia que o próprio grau de desenvolvimento capitalista suscitara uma classe operária com um perfil sociológico conducente a que na Itália a cooperação se tivesse difundido entre a aristocracia operária e a pequena burguesia, fazendo correr o risco de uma divisão do movimento operário e mesmo de uma corrupção pequeno-burguesa do partido socialista (cf. DEGL'INNOCENTI, 1977: 70).

Revestido das particularidades italianas e conjunturais, parece estar-se perante o combate clássico nos períodos de conflitualidade aguda, entre os que rejeitam tudo o que possa desviar energias e aliviar tensões e os que, temerosos quanto às consequências de um choque dramático, privilegiam as iniciativas menos conflituais e apostam nas lutas mais

---

[213] Em 1893, no Congresso de Regio-Emilia, muda de nome para Partido Socialista dos Trabalhadores Italianos, para dois anos depois, em Parma, passar a ter a denominação de Partido Socialista Italiano. Foi ainda neste Congresso de Parma que passaram a ser admitidas apenas adesões individuais (cf. GUICHONNET, 174: 263).

surdas e cujos efeitos ocorrem a um ritmo mais lento. Mas esta segunda atitude fica nestes períodos numa situação difícil, dada a prevalência da luta política mais imediatista e da resistência social. Naturalmente, neste contexto as virtualidades da cooperação tendem a reduzir-se a uma instrumentalidade financeira e a um alargamento das oportunidades de recrutamento de quadros[214].

A evolução da conjuntura terá contribuído para o relativo adormecer dessa controvérsia, mas sedimentou-se a evidência de um papel positivo da cooperação, na defesa dos trabalhadores perante as sequelas do desenvolvimento capitalista. Daí que, em consonância com um período de alguma prosperidade e com a relativa abertura à esquerda da governação de GIOLITTI, a cooperação se tenha tornado "um dos suportes essenciais do reformismo socialista" (DEGL'INNOCENTI, 1977: 72), sendo importante recordar que "através do interesse do cooperativismo de inspiração socialista nos problemas da legislação social, foi dado início a um processo de integração entre instâncias mutualistas, cooperativas e de resistência", que ficou conhecido como a *tríplice del lavoro* (1977: 72).

Era assim um facto adquirido, a eficácia do apoio das cooperativas ao socialismo, "que delas recebia militantes e financiamentos, para a sua imprensa e as suas campanhas eleitorais. Encorajadas por GIOLITTI, as cooperativas de todos os géneros (consumo, produção, trabalho) eram 2700, em 1901 e 4750, em 1910, com 741.441 aderentes" (GUICHONNET, 1974: 269)[215].

---

[214] A esgrima de argumentos, entre as diversas posições em confronto, não é o elemento decisivo. Este será mais facilmente encontrado nas vicissitudes do contexto político-social. "O processo de clarificação entre as tendências políticas dentro do movimento cooperativo passou por uma viragem decisiva entre 1893 e 1898, concomitantemente com dois fatores: a inserção mais decidida no tecido económico e social do país e a crise política do fim do século, que apesar das suas repercussões negativas teve todavia como consequência pôr em destaque a verdadeira natureza política das várias instâncias cooperativas" (DEGL'INNOCENTI, 1977: 119).

[215] G. Ancarani, referindo-se ao período em que GIOLITTI esteve à frente do governo italiano, considerou que ele "representou um período de ouro para a cooperação quer pelo crescimento do movimento quer pela política legislativa e administrativa que o Estado realizou" (ANCARANI, 1984: 36).

A centralidade da cooperação socialista não deve fazer esquecer que nos últimos anos do século XIX um elemento novo veio introduzir maior complexidade no universo cooperativo italiano: o aparecimento de uma cooperação católica, assumindo-se como autónoma. Realmente, aí se estaria a gerar um polo que, contrapondo-se aos socialistas, viria a suscitar uma dualidade que sucederia à inicialmente protagonizada por liberais e republicanos[216]. Estranhar-se-á esta chegada tardia dos católicos à ribalta do cooperativismo italiano, só compreensível em virtude de terem optado por ficar à margem, na formação do Estado nacional italiano[217].

Os progressos da cooperação italiana eram sensíveis, os resultados iam-se consolidando. Quer a especificidade das cooperativas como empresas, quer a do movimento cooperativo como movimento social, adquirem maior nitidez, tornando-se claro, nomeadamente, que o controle do capital é conseguido de um modo próprio e que os excedentes devem ter fins sociais e ser repartidos sem atender às quotas de capital (cf. ZANGHERI, 1987: 174). É a sedimentação dos elementos da identidade cooperativa, produzindo uma imagem cada vez mais diferenciada.

Deve recordar-se, todavia, que este processo de afirmação cooperativa se desenvolveu num contexto de intensa controvérsia entre os socialistas. Eles não encaravam diferenciadamente apenas a cooperação. Estavam também divididos no que concerne à aliança com o poder político burguês, quanto às virtualidades transformadoras da greve

---

[216] Colocando-se na ótica de quem acha negativa a forma de se articularem das cooperativas italianas, escreveu ANCARANI: "O problema da falta de unidade do movimento cooperativo agravar-se-á ulteriormente com as iniciativas tomadas nos sectores cooperativos por socialistas e católicos, destinados ambos a tornarem-se as forças mais influentes e ativas para a promoção da cooperação em Itália. (1984: 35)". Como se sabe, os católicos estiveram ausentes da cena política italiana, por cominação de Pio IX, desde 1871 até 1904 (cf. GUICHONNET, 1974: 275), o que explicará a sua participação tardia na promoção autónoma da atividade cooperativa, tendo deixado o terreno livre às outras concorrentes político-ideológicas.

[217] Paralelamente, ao emergir da cooperação católica mais inclinada para a instituição de estruturas alternativas, desenvolveu-se uma ofensiva dos "moderados" e dos "mazzinianos" que tentavam inverter a relação de forças favorável aos socialistas, dentro da "Lega" (cf. DEGL'INNOCENTI, 1977: 134).

geral, quanto ao sentido da ação dos sindicatos. A luta interna era cerrada. No mesmo ano de 1904, os reformistas perdem a maioria dentro do Partido Socialista, no Congresso de Bolonha, mas hegemonizam o congresso sindical de Milão, fundando a Confederação Geral do Trabalho[218].

As lutas sociais e políticas agudizam-se. Dirigentes socialistas, como Arturo Labriola, acompanham os sindicalistas revolucionários, no menosprezo pela atividade partidária e na sobrevalorização da ação sindical: a luta revolucionária seria essencialmente protagonizada pelos sindicatos. Nesta perspetiva, Arturo Labriola atribuía à cooperação uma mera função agregadora e propulsora "da atividade organizativa e de propaganda do partido socialista", considerando-a, no entanto, "um instrumento de aburguesamento e de transformação do partido" numa organização de "interesses privados económico-eleitorais". Também aqui, Arturo Labriola tinha a seu lado os sindicalistas revolucionários, partilhando com eles a convicção de que a crise social iminente era a hora das minorias revolucionárias. No cooperativismo via-se um entrave à "educação revolucionária" (cf. DEGLI'INNOCENTI, 1977: 217). Mas nem todos lhe atribuíam essa conotação negativa. Entre os dirigentes socialistas merece destaque a voz de Enrico Leone que via na ação cooperativa um grande potencial renovador do partido, por ser uma demonstração prática de capacidade de realização dentro do movimento operário. Para Leone, o potencial revolucionário das cooperativas, mesmo mediato e algo instrumental, era efetivo, sendo um meio dos mais eficazes para preparar as massas trabalhadoras para o controle dos meios de produção (cf. DEGLI'INNOCENTI, 1977: 218).

É neste contexto impregnado por um reformismo instável, a cada passo alvo de contestação e polémica, que deve ser avaliada a *"triplice alleanza"*, consumada em Janeiro de 1907, entre a *"Lega Nazionale delle Cooperative"*, a *"Federazione delle società di mutuo soccorso"* e a *"Federazione delle Camere del lavoro"*, no termo de um longo processo iniciado em

---

[218] Neste congresso, a minoria sindicalista revolucionária, com posições próximas da ala esquerda do Partido Socialista, não aceitou integrar-se na Confederação (cf. GUICHONNET, 1974: 271).

1901. O programa da *"triplice"* garantia a autonomia e a especificidade de cada componente, identificava como objetivo comum o de "contribuir para o melhoramento económico, jurídico e intelectual dos trabalhadores". Favorecia as perspetivas do reformismo socialista, não só pela sua estratégia de conquistas parciais, mas também pelo empenhamento na colaboração entre as componentes sindical, cooperativa e política, do movimento operário (cf. DEGLI'INNOCENTI, 1977: 193). Este clima favorável ao desenvolvimento cooperativo, apesar de algumas incompreensões internas e das campanhas de hostilidade de adversários, mais ou menos encapotados, produziu os seus frutos[219].

Aliás, o contraste entre uma relativa pujança das cooperativas e as oscilações sentidas no Partido Socialista levaria ao despontar da ideia de criar um "partido dos cooperadores" que projetasse a voz e os interesses da cooperação nas instâncias decisórias do poder político[220], ideia essa que não teve sequência prática.

Até 1914, nada de qualitativamente distinto do que foi referido viria a ocorrer dentro do movimento cooperativo. Continuam a fazer-se ouvir os seus críticos, no seio do movimento operário, entre os quais pode destacar-se G. Salvemini, mas não se calaram naturalmente os seus defensores, entre os quais se poderá referir A. Vergnanini[221]. A crise do reformismo socialista, que explodiria com a própria guerra, traduziu-se em Itália num áspero confronto entre várias correntes, cada uma das quais encarava de modo diferente o cooperativismo e a sua inserção no movimento operário[222].

---

[219] Como salientou Maurizio Degl'Innocenti: "No fim do primeiro decénio do século, o movimento cooperativo denotava uma articulação de organismos e uma capacidade de iniciativa política, que testemunhava a sua força de penetração na sociedade italiana e que contrastava singularmente com a falta de iniciativa política do partido socialista" (1977: 237).

[220] Com motivações paralelas, surgira já a ideia de um " partido do trabalho", radicado nos sindicatos (cf. DEGL'INNOCENTI, 1977: 238).

[221] Cf. MORLEY-FLETCHER, 1986: LXIII e ss; DEGL'INNOCENTI, 1977: 258 e ss.

[222] Sobre a caracterização dessas correntes socialistas, veja-se Maurizio Degl'Innocenti (1977: 264).

4.6. Alemanha

Na Alemanha, foi também o período anterior à 1ª Grande Guerra o mais marcante, quanto à génese do fenómeno cooperativo, ilustrando bem a sua lógica mais profunda. Especificidade alemã é o relevo das áreas cooperativas exteriores ao movimento operário, bem como a sua autonomia doutrinária[223].

São diversos os fatores com incidência no mosaico cooperativo, parcialmente inserido no movimento operário, no âmbito do processo político-social ocorrido na Alemanha, durante o século XIX e os começos do século seguinte. Há uma referência primária e inevitável à unificação alemã, consumada sob hegemonia prussiana em 1871, no termo de um feixe de episódios que ocuparam décadas[224]. Por outro lado, tem de se recordar que, por razões que aqui não cabe aprofundar, a pujança comercial de épocas anteriores não obstou a que, no século XIX, o desenvolvimento industrial fosse claramente mais incipiente do que os da Inglaterra e da França.

Mas isso não impediu um notável florescimento cultural, com destaque para a filosofia, que fez inscrever vários nomes alemães no panorama da cultura universal. Entre eles, MARX e ENGELS vieram marcar profundamente a história do movimento operário e da luta pelo socialismo. O fulgor do trabalho teórico, de alguns intelectuais alemães ligados ao movimento operário, mais acentuava, por contraste, o insuficiente amadurecimento ideológico da classe operária na Alemanha[225]. O rápido crescimento económico e o dinamismo social viriam, no entanto, a tornar possível, ainda em vida de MARX, o aparecimento de um partido social-democrata em 1875, que não só influenciaria grandemente a cena política alemã, mas seria também, como já se disse, a organização hegemónica da IIª Internacional.

---

[223] É compreensível, assim, que o exemplo germânico seja um dos mais sólidos esteios para quem questione a perenidade e a essencialidade da conexão do movimento cooperativo com o movimento operário.

[224] Cf. DROZ, 1989: passim.

[225] É, talvez, esse o sentido da afirmação de Jaques Droz: "o socialismo alemão foi obra de um pequeno número de intelectuais que a reflexão filosófica conduziu à análise científica da formação do proletariado e do seu futuro revolucionário" (1972: 408).

No plano cooperativo, embora houvesse um sector ligado ao movimento operário, não o estavam as experiências mais específicas e com maior potencial de irradiação. De facto, na Alemanha, foi a cooperação, radicada nas ideias de H. Schulze-Delitzsch e nas de W. Raiffeisen, que mais amplamente se projetou, tendo-se depois estendido pelo mundo. Marginal, em face do movimento operário, os seus maiores expoentes estavam longe de qualquer ideário socialista[226].

Referindo-se ao universo cooperativo alemão, Dieter Dowe foi sintético e expressivo: "O movimento pequeno-burguês e agrário que na Alemanha, diferentemente de muitos outros países, esteve não só historicamente presente desde o princípio, como continuou a dominar, do ponto de vista quantitativo, até aos nossos dias, considera as cooperativas meramente como um meio de promoção dos fins económicos dos sócios dentro do sistema capitalista" (1988: 267). Estava-se, neste caso, portanto, perante uma ação cooperativa, visando, não só a proteção nas cidades e nos campos de grupos sociais em risco perante a expansão capitalista, apesar de exteriores à classe operária, mas também de enfraquecer a expressão política própria, que esta tendia a assumir (cf. EISENBERG, 1986: 148 e ss).

Enquadrada genericamente a problemática em análise, destaquem-se agora alguns dos seus aspetos mais expressivos. Escolha-se como ponto de partida a menção dos episódios revolucionários de 1848, a partir dos quais se multiplicaram as associações operárias, ilustrando a intensificação do amadurecimento organizativo do proletariado alemão.

Esse facto propulsor tem os seus antecedentes. Ainda em 1844, a revolta dos operários têxteis da Silésia fora um primeiro sinal, como o fora a radicalização política dos jovens hegelianos. Em 1847, a Liga dos Justos, a que MARX pertencia, transformara-se na Liga dos Comunistas e encarregara-o, juntamente com ENGELS, de redigir um documento, divulgado no ano seguinte, sob o título de "Manifesto do Partido Comunista". Documento histórico pressupunha todavia um suporte social, uma classe operária que verdadeiramente na Alemanha

---

[226] Cf. LAMBERT (1975: 97 e ss) e PINHO (1966: 43 e ss).

ainda não existia, pelo menos com a robustez e consistência implícitas no Manifesto[227].

No seio do bloco associativo, através do qual ganhara vida o movimento operário, desencadeara-se um processo de diferenciação, em virtude do qual as práticas política, sindical e cooperativa, abriram vias autónomas. Isso não fez desaparecer a sua proximidade, naturalmente inscrita na natureza das coisas. A animação revolucionária de 1848 contribuiu para o desencadear de um surto de cooperativas de produção e de consumo, que no entanto se revelou frágil, perante a tempestade conservadora superveniente (cf. EISENBERG, 1986: 150).

Simultaneamente, Herman Schultze-Delitzch promove as primeiras iniciativas no campo da cooperação. Dirige-se, fundamentalmente, à classe média urbana, com relevo para os artesãos e pequenos comerciantes, recorrendo em especial a cooperativas de crédito (cf. DRIMER, 1975: 249). Logo após os primeiros passos, opta por uma atitude não beneficente, radicada na entreajuda[228], na atividade dos próprios interessados. Assume-se doutrinariamente como liberal, distante de posições anticapitalistas[229]. Entre os seus objetivos não se conta o de substituir o sistema. Apenas pretende atenuar algumas das suas consequências mais gravosas. Para isso, confiava numa atividade enquadrada por três vetores principais: entreajuda, autogestão e autorresponsabilidade (cf. CESCE, 1986: 323).

Mas é bom ter presente que toda esta dinâmica cooperativa se desenvolveu à margem do movimento operário, quer no plano organizativo, quer no plano doutrinário. É claro que essa exterioridade não se

---

[227] Cf. DROZ (1972: 460 e ss) e MARX-ENGELS (1974: passim).

[228] Como escreveu MLADENATZ, as associações criadas por Schulze-Delitzsch "não eram instituições de beneficência, como o eram as demais organizações similares então fundadas, já que se baseavam no conceito de "ajuda própria" dos associados. O objetivo consistia em obter o apoio de um capital bastante importante proveniente dos associados e um fundo de reserva (limitado), formado pelas deduções de dinheiro do excedente líquido realizado. Os fundos de exploração adquiriam-se por empréstimos com base na responsabilidade solidária e ilimitada dos associados" (1969: 88).

[229] Cf. DRIMER, 1975: 251; e MLADENATZ, 1969: 155

confunde com indiferença ou alheamento, pois muitas vezes os seus contornos só se podem compreender no quadro de uma concorrência com a dinâmica social do movimento operário, de uma luta antissocialista[230]; luta que não deixa de ser em si própria uma conexão, embora de natureza conflitual.

Friedrich W. Raiffeisen inicia a intervenção cooperativa pela mesma época. Age nos meios rurais, através de cooperativas de crédito, onde congrega ricos e pobres; os primeiros como filantropos, os segundos como beneficiários ativos (cf. DRIMER, 1975: 245). São grupos económicos que não deixam de ser escolas de "entreajuda e abnegação". Conservador de inspiração cristã, RAIFFEISEN valoriza as cooperativas como meio de defesa dos agricultores, não como espaço gerador ou potenciador de uma alternativa à ordem capitalista[231]. A existência atual de uma "União Internacional Raiffeisen" mostra a perenidade e a irradiação deste tipo de estruturas, reflexo fiel do impacto celeremente adquirido na Alemanha. Um dos cultores deste tipo de cooperativismo enunciou como suas características identificadoras: "uma tarefa social no seio de constrangimentos económicos"; "autoassistência"; "autoadministração" e "autorresponsabilidade" (cf. FLORQUIN, 1990: 4).

Algum tempo depois, o panorama cooperativo germânico foi enriquecido pela figura de Eduard Pfeiffer. Comparando-o com os dois doutrinadores acabados de referir, a sua projeção foi reduzida. Mas ele foi o mais relevante intérprete alemão da ideia da soberania do consumidor, como base da cooperação. Naturalmente, apologista da proeminência da cooperação de consumo, vê nela a base indispensável para

---

[230] Partilhando com o seu compatriota RAIFFEISEN notoriedade e projeção e como ele exterior ao movimento operário, H. Schulze-Delitzch é considerado "o fundador mais importante do cooperativismo alemão" (ESCHENBURG, 1988: 75), ou mesmo, "o pai do cooperativismo alemão" (DOWE, 1988: 271).

[231] Cf. LAMBERT, 1975: 104. No mesmo sentido, aliás, escreveram os DRIMER. "Do ponto de vista doutrinário, RAIFFEISEN participa na escola económica liberal; mediante as suas organizações procura defender os camponeses perante a usura e outras tendências abusivas do capital, contudo não se propõe substituir mas até, pelo contrário, preservar a ordem económica e social existente" (1975: 248).

o lançamento de um movimento de cooperativas de produção que, no entanto, não deixa de preconizar[232].

O início da década de 60 foi também marcado pelo despontar de um protagonismo autónomo do proletariado na cena política, que o levou a envolver-se com intensidade crescente na luta pela unidade alemã. Assiste-se à criação de duas organizações políticas distintas, ambas de raiz operária, uma sob a liderança de LASSALLE, outra sob a influência de MARX[233]. Mas a osmose natural, comum aos outros países, entre movimento operário e socialismo, não era aceite como consumada. Quer os conservadores cristãos, quer os liberais, procuraram contrariar a hegemonia socialista no movimento operário. E as cooperativas foram também campo e armas desse combate[234]. Tendo-o presente, pode compreender-se mais claramente o sentido da polémica entre LASSALLE e SCHULZE-DELITZSCH que teve como núcleo central as relações do Estado com as cooperativas. Como Paul Lambert sublinhou: "A polémica de Lassalle contra Schulze não foi na realidade mais do que um momento da longa discussão entre a escola socialista e a escola liberal" (1975ª: 99). E, embora o aspeto mais relevante desta controvérsia tenha sido o mais ostensivo, ela refletiu naturalmente a

---

[232] A. e B. Drimer (1975: 283) consideram-no fundador do "socialismo cooperativo", mas LAMBERT (1975ª: 115) acha que PFEIFFER "propôs um sistema novo que chamava "cooperativismo e que opunha ao socialismo". Talvez esta aparente oposição se dilua, valorizando-se a matriz "gideana" do cooperativista alemão, o que pode significar que o socialismo de PFEIFFER, podendo-o ser, não deixava de se distinguir com nitidez das posições mais marcantes na construção da imagem socialista. Era "partidário de uma evolução lenta e pacífica da sociedade rumo a uma economia organizada com base nas cooperativas de consumo" (DRIMER, 1975: 284).

[233] Os "lassalianos" constituíram a Associação Geral Alemã dos Trabalhadores, à qual se contrapunham os "eisenachianos", assim designados em alusão à cidade de Eisenach, onde realizaram o congresso de fundação. Em 1875, o congresso da unidade contaria com 71 delegados dos primeiros e com 56 dos segundos, apesar de LASSALLE já ter morrido mais de 10 anos antes.

[234] Cf. DROZ (1972: 478), que aliás chama a atenção para o facto de, no início dos anos 60, serem os artesãos especializados os mais ativos militantes do movimento operário. Tinham "adquirido um certo grau de bem-estar e de instrução", mas estavam "ameaçados pelo desenvolvimento da grande indústria".

divergência de posições, quanto a outros aspetos da realidade cooperativa.

Na verdade, para Lassalle só as cooperativas de produção dispunham de um potencial adequado para ferir com eficácia a ordem capitalista, ao contrário das cooperativas de consumo, vocacionadas para agir em zonas periféricas, através das quais essa ordem só superficialmente podia ser perturbada (cf. Mladenatz, 1969: 172 e ss). Lassalle era perentório: "Fazer da classe operária o seu próprio patrão; eis o meio, o único meio de anular esta luta cruel, esta luta de morte que o salário origina". E isto, uma vez que "a classe operária organizada com base na livre associação e convertida no seu próprio empresário, suprime o lucro de exploração da maneira mais prática, mais legal e mais simples" (cit. por Mladenatz, 1969: 175).

Mas esta via libertadora do proletariado industrial exigia vultuosos meios financeiros, de que só o Estado podia dispor, pelo que o seu auxílio era uma componente essencial dessa proposta[235]. Percebe-se assim perfeitamente que, para além de outras razões, o socialista alemão encarasse com extremo ceticismo o caminho de Schulze, especialmente virado para os operários artesãos e, portanto, pouco adequado para enfrentar os problemas dos operários de fábrica, o verdadeiro proletariado industrial. Era um caminho que lhe parecia tocar apenas zonas marginais do desenvolvimento social (cf. Mladenatz, 1969: 173).

Fiel ao seu pensamento liberal, Schulze encarava positivamente o contexto capitalista, pretendendo apenas atenuar algumas das suas consequências negativas, através do estímulo à acção cooperativa, concebida como necessariamente limitada e parcelar. Demarcando-se da intervenção do Estado na vida económica e em coerência com a sua aceitação da lógica dominante, alertava: "Numa época onde domina

---

[235] Lassalle sublinha que "as questões económicas não consentem soluções parcelares, exigem sempre medidas gerais". Comparou a vida económica a um campo de batalha, onde os "grandes batalhões" eram decisivos. Seria por isso importante "colocar os grandes batalhões do lado dos trabalhadores, do lado das associações, o que apenas está ao alcance do Estado, o qual, no campo económico, tal como no campo de batalha, é o único que através do crédito do estado pode pôr em movimento os grandes batalhões de trabalho e assim determinar a vitória". (Lassalle, 1977: 119).

antes de tudo a igualdade dos direitos, a liberdade completa do trabalho para cada um, não se podem apresentar pedidos de proteção e de privilégios sem desse modo confessar a sua própria fraqueza" (Schulze--Delitzch, 1977-104). Para ele, o apoio do Estado estimulava a inércia e a ineficácia e era tanto mais dispensável, quanto era positivo o balanço das realizações cooperativas, tendo em conta a sua curta existência[236].

Cada uma das posições em confronto contém algo de paradoxal. Mesmo, valorizando a sua tonalidade liberal, não deixa de merecer alguma perplexidade que Schulze desconfie mais do Estado, que corresponde à ordem económica que preza, do que o seu opositor apostado em mudá-la. Por sua vez, Lassalle coloca no centro do seu projeto um Estado que exprime e defende a ordem económico-social que, com esse projeto, quer pôr em causa. Isto mesmo fez, aliás, com que Marx incluísse este ponto entre os que assinalaram a discordância que os separava. Rigoroso na globalização dos problemas, e apontando para uma alternativa de que o Estado não era excluído, Marx criticou os reflexos das opções lassalianas presentes no programa de Gotha. E acerca da centralidade atribuída à "ajuda que o Estado dá às cooperativas de produção", ironizou: "Esta fantasia de que com empréstimos do Estado, se possa construir uma nova sociedade como se constrói uma nova via férrea, é digna de Lassalle." (Marx, 1971: 41)[237].

Se os termos exatos destas controvérsias parecem ter sido superados pelo decurso do tempo e pela própria vida, por detrás deles perfilam--se questões que, por formas diversas, têm repetidamente voltado à superfície. Estará consumida a problematicidade das relações entre as cooperativas e o Estado? Haverá plena estabilidade no modo como se encara o papel de cada ramo no sector cooperativo? É uniforme e

---

[236] Cf. Schulze-Delitzch (1977: 107) e Dowe (1988: 272).
[237] E é ainda, comentando o mesmo texto, na *Crítica do Programa de Gotha*, *que* Marx conclui: "Que os trabalhadores queiram estabelecer as condições de produção coletiva em toda a sociedade e, antes de tudo, em sua própria casa, numa escala nacional, só quer dizer que trabalham para subverter as atuais condições de produção, e isso nada tem a ver com a fundação de sociedades cooperativas com a ajuda do Estado. E, no que se refere às atuais sociedades cooperativas, estas só valem enquanto sejam criações independentes dos próprios trabalhadores, não protegidas nem pelos governos nem pelos burgueses." (1971: 42).

transparente o enraizamento social de cada tipo de cooperativa? Parece que não, mas pouco depois a realidade cooperativa conduziu a novos problemas ou a novas maneiras de os encarar.

Realmente, na Alemanha, desde o início dos anos 60 do século XIX até ao fim da década seguinte, assistiu-se a um crescendo de entusiasmo em torno das cooperativas operárias de produção, que todavia viriam de novo a entrar em crise antes do fim do século. A aceitação das cooperativas de consumo entre os operários desenvolveu-se a um ritmo diferente: começou por ser reduzida, foi aumentando lentamente, mas não conheceu refluxo[238].

C. Eisenberg explica aquele surto de cooperativismo de produção, recorrendo à homologia com a própria estrutura industrial alemã da época, onde predominavam as pequenas unidades, sem esquecer o seu grande potencial demonstrativo do valor dos princípios democráticos, mesmo na atividade económica (cf. EISENBERG, 1986: 154).

É certo que, mesmo antes do refluxo, nos sectores operários mais esclarecidos, mais aptos a perceber os sinais de crise, as cooperativas de produção não foram nunca objeto de entusiasmo pleno. Eram simultaneamente encaradas como "superadas" e como "prematuras". Superadas, já que a dinâmica capitalista, centrada na grande indústria, as tornava objetivamente marginais e irrelevantes; prematuras, dado que o capital necessário para as tornar viáveis, numa escala significativa, só poderia ser conseguido com um poder político novo, cuja instauração não estava na ordem do dia e, nessa lógica, deveria, de qualquer modo, preceder a implantação cooperativa.[239]

O incremento mais tardio da cooperação de consumo pode compreender-se, tendo em conta que foi entre o proletariado fabril, mais urbanizado, mais distante de raízes rurais, que ela verdadeiramente se expandiu. Em contrapartida, o seu poder de irradiação foi reduzido entre os sectores operários mais próximos da produção artesanal, por-

---

[238] Cf. EISENBERG (1986: 150 e ss), por onde se pode também ver que no tempo em que pouca recetividade encontravam na classe operária, as cooperativas de consumo eram já bem aceites entre as classes médias.
[239] Cf. EISENBERG, 1986: 155. No fundo, talvez, o sentido da posição de LASSALLE fosse o de superar esse dilema.

ventura por sofrer a concorrência de um acesso fácil a uma produção agrícola complementar, por parte desses sectores (cf. EISENBERG, 1986: 156 e ss).

O acréscimo de importância da cooperação de consumo viria a suscitar a hostilidade dos comerciantes, potenciando uma atitude agressiva perante o movimento operário e o socialismo difundida entre as classes médias. Esta oposição, a que chegaram a chamar o "consumo vermelho", acabou por estimular no seio do movimento operário uma reação simétrica: essas cooperativas passaram, cada vez mais, a ser encaradas como uma "terceira coluna" do movimento, ao lado do partido e dos sindicatos[240].

Entretanto, o movimento operário alemão adquiria rapidamente uma consistência nova. Exprimindo-a e contribuindo decisivamente para a reforçar, consumou-se a constituição do Partido Social-democrata Alemão, em 1875, no Congresso de Gotha. O respetivo programa, que MARX tornaria célebre com as críticas que lhe dirigiu, tinha naturalmente alguma marca de LASSALLE, nomeadamente no respeitante às cooperativas de produção, o que, como atrás se viu, MARX viria a criticar. No plano sindical, foi lançado um processo unificador, em 1872, em Erfurt, o qual seria naturalmente incentivado pela unidade partidária[241].

Gerou-se um amplo universo organizativo operário em torno do partido, o qual se desenvolveu numa tensão permanente entre o reformismo imposto pelo quotidiano de uma grande organização, e a revolução desejada, como definitiva superação da injustiça. Embora tivesse sido profundamente influenciado pelo marxismo, nunca foi um partido plenamente marxista. Com os sindicatos, as cooperativas, as associações culturais, ele representava o lugar de uma dignidade nova para os trabalhadores. Tanto mais que fora dele sofriam a sua grande ausência.

---

[240] Cf. EISENBERG (1986: 165). Este clima conflitual terá sido um dos fatores que levou o poder político, na esteira de SCHULZE, a manter certos preceitos legais especialmente gravosos para as cooperativas de consumo, como era o caso da responsabilidade solidária dos cooperadores, consagrada em 1867. Só em 1889, esse preceito foi alterado no sentido da limitação da responsabilidade (cf. ibid.: 161).
[241] Cf. DROZ, 1972: 494 e ss.

A força eleitoral dos socialistas crescia, o poder dos sindicatos aumentava, as cooperativas viam-se aceites pela classe operária com crescente naturalidade, diluindo-se a reserva com que as olhavam os dirigentes partidários.

Logo em 1878, fundara-se o Partido Cristão-social, entre cujos objetivos avultava o de desviar o maior número possível de operários do socialismo. Esse mesmo objetivo viria a desencadear, já na viragem do século, um movimento cooperativo cristão.

Nas estruturas federais da cooperação de consumo, agravavam-se as clivagens entre conservadores e social-democratas (cf. EISENBERG, 1986: 166 e ss). Em 1902, um importante grupo de cooperativas de consumo abandona a Associação Geral das Cooperativas Alemãs, para no ano seguinte, em conjunto com outras cooperativas, antes não-federadas, dar origem à União das Cooperativas de Consumo Alemãs. Estatutariamente neutra, a União era claramente hegemonizada pelos socialistas, o que permitiu acelerar o processo congregador que conduziu as cooperativas a serem encaradas, cada vez mais frequentemente, como uma das três colunas do movimento operário (cf. ibid.: 168 e ss).

Para se não ficar com uma ideia demasiado linear do ocorrido, convirá referir a vigência, no universo cooperativo alemão, da ideia de uma necessária soberania dos consumidores, como matriz essencial desse universo, conexionada com a desejabilidade de as cooperativas serem instituições politicamente neutras.

Mesmo nas fileiras socialistas, as coisas estavam longe de ser unívocas. No decorrer dos anos 90, após a morte de ENGELS, estalou a histórica polémica do revisionismo desencadeada por BERNSTEIN, que pretendia reavaliar o pensamento marxista, confrontando-o com a prática social e com a própria experiência partidária[242]. No que diz respeito à problemática cooperativa, o sentido das posições de BERNSTEIN foi o da valorização das cooperativas de consumo como elemento de transfor-

---

[242] Esta polémica foi iniciada com a publicação de uma série de artigos da autoria de Edouard Bernstein, a partir de 1896, na *"Neue Zeit"*, que deram origem a um livro publicado em 1899, sob o título *Os pressupostos do socialismo e as tarefas da social-democracia*.

mação social, em paralelo com o sublinhar da insipiência das cooperativas de produção.²⁴³ Valorização que se radicava no carácter genérico da qualidade de consumidor, em contraponto com a cristalização em torno de interesses grupais das cooperativas de produção. Salientou o paralelismo entre os sindicatos e as cooperativas de consumo, os primeiros interferindo com os lucros ao nível da produção, as segundas, ao nível do comércio. E era assim que globalmente as avaliava: "não são o socialismo, mas como organizações operárias têm em si suficientes elementos de socialismo para se tornarem alavancas poderosas e irrenunciáveis da emancipação socialista" (BERNSTEIN, cit. por MORLEY-FLETCHER, 1986: XL)²⁴⁴.

A problemática cooperativa esteve longe de ser o cerne da controvérsia, mas é possível ter uma ideia, quanto ao modo como as outras correntes socialistas a encaravam, recorrendo aos maiores expoentes de cada uma delas. O centrismo hegemónico tinha em Karl Kautsky a sua figura de proa. Em *A Questão Agrária*, publicada já no decurso da polémica, embora com referência às cooperativas agrícolas, deteta-se nitidamente uma reserva profunda, ainda que envolvida por uma atitude que, à superfície, até pode parece favorável (cf. KAUTSKY, 1972: 161 e ss).

---

²⁴³ BERNSTEIN considerava que "a cooperativa de consumo representa uma força económica importante". Sublinhou a sua presença na Inglaterra, referindo também a França, a Bélgica e a própria Alemanha: Apontando limites à sua expansão, reconheceu que "lhe restará um campo de ação suficientemente vasto para que se possam fundar nele grandes esperanças, talvez por considerar essa ação cooperativa" um meio através do qual a classe operária pode (...) sem recorrer à violência (...) apropriar-se de uma parte importante da riqueza social" (BERNSTEIN, 1977: 176 e ss).
"A cooperativa de consumo, que os socialistas dos anos sessenta olhavam com tão escassa consideração, com o correr do tempo mostrou-se uma força económica real, um organismo com grandes capacidades de gestão e de desenvolvimento. Relativamente aos números indicados pela estatística das cooperativas de produção propriamente ditas, os números das cooperativas de consumo operárias estão como o balanço de um império está para o de um burgo rural" (BERNSTEIN, cit. por MORLEY-FLETCHER, 1986: XXXIX).
²⁴⁴ Aliás, BERNSTEIN foi mais longe: "Tal como a aversão e até a hostilidade, que muitos socialistas no seu tempo experimentavam para com o movimento sindical, se transformaram gradualmente, primeiro em benévola neutralidade, e depois em sentimentos de solidariedade, o mesmo acontecerá com as cooperativas de consumo" (ibid.: XL).

A ala esquerda dos social-democratas, pela voz de Rosa Luxemburgo, dirigiu este aspeto da sua crítica a BERNSTEIN, no plano da avaliação da energia anticapitalista da cooperação de consumo. Encarava as cooperativas de produção como "instituições de natureza híbrida no seio da economia capitalista",[245] considerando-as como desempenhando "o papel de simples anexo das cooperativas de consumo", sendo, por isso, estas o elemento decisivo para avaliar o potencial transformador do "sistema das cooperativas". E Rosa Luxemburgo mostrava-se cética quanto a esse potencial, por ele implicar a subalternização da luta contra o capital de produção, "quer dizer, contra o ramo principal da economia capitalista", limitando-se "a dirigir os seus golpes contra um capital comercial e mais exatamente contra o pequeno e o médio capital comercial", apenas atingindo "os ramos secundários do tronco capitalista" (1969: 63).

A dinâmica das próprias cooperativas, bem como o processo social no seu todo, uma maior clarificação ideológica e a evolução conjugada do movimento operário e do movimento cooperativo, à escala internacional, viriam a diluir a crispação do Partido Social-democrata Alemão em face das cooperativas, levando-o, em 1910 no Congresso de Magdeburgo, a assumir explicita e formalmente o seu apoio às cooperativas[246].

---

[245] Rosa Luxemburgo considerava-as assim, dado constituírem "uma produção socializada em miniatura que é acompanhada por uma troca capitalista". Elas incorporavam uma contradição entre a necessidade de "os operários se governarem a eles próprios com toda a autoridade absoluta necessária e a de desempenharem em relação a si próprios o papel de empresários capitalistas. Por causa dessa contradição morre a cooperativa de produção, uma vez que se torna, ou uma empresa capitalista ou, se os interesses dos operários forem os mais fortes, se dissolve" (1969: 61).
Como se vê, embora, quer Rosa Luxemburgo, quer BERNSTEIN, desvalorizassem o impacto da cooperação de produção, este fazia-o baseado principalmente na constatação da sua escassa irradiação, aquela situava a sua avaliação no plano do seu significado mais fundo num contexto capitalista.

[246] Neste mesmo ano, como se irá sublinhar, a Internacional Socialista, em Copenhaga, e a Aliança Cooperativa Internacional, em Hamburgo, tomaram decisões que potenciaram grandemente uma conjugação harmónica das cooperativas com o movimento operário socialista internacional.

4.7. Portugal

No processo social gerador do fenómeno cooperativo, foram reduzidas quer a especificidade quer a relevância do contributo português. Mesmo assim, não se quer deixar de fazer um comentário breve, onde se evidencie a génese do movimento cooperativo em Portugal.

Sem querer reduzir a dinâmica cooperativa a uma simples ilustração do desenvolvimento económico, não se pode esquecer que a sua insipiência marcou o perfil e o ritmo de evolução das cooperativas portuguesas. Também a fragilidade e a ausência de uma unidade estável do movimento operário tiveram um efeito negativo na sua expansão. Efeito potenciado, pelo facto de o desabrochar cooperativo ter surgido em Portugal, nitidamente, a partir da nebulosa associativa, através da qual o movimento operário se materializou, no seu início.

Durante a primeira metade do século XIX, foram tímidas as realizações do associativismo português. A primeira associação claramente distanciada de uma lógica corporativa constituiu-se em 1839 (cf. OLIVEIRA, 1973: 114). Nesse período ainda titubeante, mas já fecundo, foi Francisco de Sousa Brandão uma das figuras tutelares e dinamizadoras desse associativismo, assumindo assim um papel que continuaria a desempenhar durante as décadas seguintes[247].

Depois de 1851, repercutindo de algum modo a Regeneração, mas também sob a influência da revolução francesa de 1848, o movimento associativo desenvolve-se. É uma irradiação limitada, quase confinada aos centros urbanos mais importantes. César Oliveira sublinha a fraca tonalidade socialista do movimento operário dessa época, a sua escassa permeabilidade ao discurso de alguns intelectuais influenciados pela realidade francesa. Como ele diz, as associações operárias não vão além "do mutualismo, da instrução popular, das caixas de empréstimo e de uma ou outra cooperativa de consumo" (OLIVEIRA, 1973: 132).

---

[247] Cf. COSTA (1978: 20). Pode ajudar a compreender este período a obra de Costa Goodolphim, *A Associação*, publicada em 1876, mas abrangendo um período iniciado em 1838. Referindo-se ao período anterior a 1848, escreveu: "Existiam já algumas associações, mas pouquíssimas. Que saibamos, havia apenas a Sociedade dos Artistas Lisbonenses, fundada em 1838, e algumas associações de socorros mútuos, fundadas depois de 1840" (GOODOLPHIM, 1974: 95).

Este escasso vigor anticapitalista refletia o "espírito regenerador",[248] tornando compreensível "que este movimento associativo englobe vários estratos sociais e várias correntes políticas, todos interessados em assegurar o domínio da orientação do movimento, procurando sobretudo mantê-lo sob certos limites convenientes. Quer se trate de cooperativas, de associações mutualistas, de grémios de instrução popular ou mesmo de associações de resistência (...), é bem pouco nítida uma linha de atuação que oponha explorados a exploradores, ou sequer uma referência significativa, nas próprias práticas, às classes trabalhadoras, consideradas como força social autónoma" (OLIVEIRA, 1974: 17)[249].

Esta avaliação exigente não colhe a unanimidade, como o mostram as palavras de Costa Goodolphim, escritas em 1876, quanto à mesma realidade: "A associação operária foi a Internacional desta época, sejamos justos. Todos os conservadores julgaram iminente um cataclismo social. Associar-se o operário, pugnar pelos seus interesses, vincular os seus direitos, cuidar do seu presente e futuro, foi isto tudo julgado um crime. Intentou-se pôr-lhe a barreira, mas foi impossível conter a corrente impetuosa da ideia" (GOODOLPHIM, 1974: 95)[250].

---

[248] No seu prefácio ao livro de Costa Goodolphim, *A Associação,* César Oliveira refere o surto de relativo desenvolvimento económico-social suscitado pele Regeneração, bem como a pacificação entre as várias correntes do liberalismo e o sonho de "harmonização entre o capital e o trabalho". "De facto, e apesar deste surto associativista generalizado, em grande parte sob o impulso da revolução francesa de 1848, não é descabido verificar que em Portugal, regeneradores, históricos e radicais se vão interessar pelo movimento associativo, procurando cada corrente de opinião obter implantação junto das classes trabalhadoras e das camadas populares" (OLIVEIRA, 1974: 17).

[249] César Oliveira chamara já a atenção, referindo-se ao período de 1850-71, para o facto de se poder "falar, com propriedade, de um movimento associativo dos trabalhadores no sentido da mútua cooperação", sabendo-se que ele "não implica um afrontamento directo com o capital e com o patronato" (1973: 132).

[250] Apesar desta reserva, o ministro Andrade Corvo não deixou de escrever no preâmbulo da proposta de Lei das Cooperativas de 1867, que: "Era preciso que aos perigos resultantes da vida industrial moderna se opusesse uma força capaz de os vencer, ou ao menos de lhes minorar a funesta influência. Essa força é a associação: força para criar e não para destruir; que se robustece pela liberdade, pela justiça e pelo respeito aos princípios fundamentais da economia social e da moral pública" (1978: 65).

Nos anos 70, o movimento operário robusteceu-se e diferenciou-se: surgiu um partido socialista, começando a poder falar-se numa rede cooperativa, ainda que de malha muito larga e irregular. Sem esquecer a influência dos dinamismos económico-sociais, há que ver nesse surto os ecos da Comuna de Paris, bem como a influência da Internacional, através de um punhado de dirigentes esclarecidos entre os quais se destacaram Antero de Quental e José Fontana.[251]

Um jornal operário da época,[252] salientava a existência de duas componentes no movimento socialista: a federação portuguesa da Associação Internacional dos Trabalhadores e as associações de resistência. Considerava que na primeira, o objectivo era "a revolução social, empregando-se como meio a greve", nas segundas "tinha-se a greve como fim e as cooperativas como aspiração, a que chamavam a emancipação operária". É pois claro que as cooperativas se situam bem dentro da dinâmica movimentista do operariado, sendo uma das suas manifestações mais expressivas, um dos seus afloramentos concretos.[253]

Esta presença cooperativa no movimento operário, bem como o facto de ela se traduzir numa prática considerada em si própria socialista, são sugestivamente ilustradas pelo facto de no 1º Congresso do Partido Socialista, realizado em 1876, ter sido eleito um Conselho Geral constituído por 11 membros, 5 oriundos do próprio partido, 3 em representação das associações e 3 das cooperativas; o que aliás foi potenciado no ano seguinte através de uma mutação da estrutura partidária que suscitou uma integração ainda maior das várias componentes.[254]

---

[251] Antero de Quental e José Fontana foram os mais qualificados interlocutores portugueses da Internacional, contribuindo decisivamente para a fundação do Partido Socialista em 1875, no que aliás cumpriam a resolução do Congresso de Haia de 1872, demarcando-se desse modo, quer dos anarquistas, quer dos republicanos (cf. NOGUEIRA, 1964: 42).

[252] É o nº 61 de *O Protesto*, publicado em Lisboa em 1876 (cf. NOGUEIRA, 1964: 36).

[253] No mesmo sentido, Carlos Fonseca entende "que o movimento cooperativo desponta em Portugal em 1871-72, sob a influência da secção local da Associação Internacional dos Trabalhadores" (1981: 119).

[254] Cf. OLIVEIRA (1973: 157), que sublinha como: "Foi manifesto o desejo de englobar na associação partidária, todas as organizações do operariado e isto porque o socialismo organizado em Portugal confundiu sempre, e mormente a partir de 1872, associações de classe,

Não se pense ter sido este entrelaçamento um mero expediente organizativo circunstancial, corolário talvez de um tropismo defensivo, radicado na relativa fragilidade do movimento operário. Bem mais do que isso, foi o reflexo de uma perspetiva globalizante.

Perspetiva que se manifesta com clareza no interessante texto de José Fontana, *"O Quarto Estado"*. Este destacado animador do combate operário em Portugal, ao sustentar a ideia de um reformismo movido pela iniciativa dos trabalhadores, glosando o princípio de que "a emancipação dos trabalhadores deve ser obra dos mesmos trabalhadores" afirma: "Deste princípio sai um sistema prático, que não é uma utopia filosófica, mas uma realidade provada, e que mais provada se irá tornando de dia para dia: a Cooperação" (FONTANA, 1973: 267). E prossegue, afirmando que através dela se "criam instituições novas, centros já de resistência, já de consumo, já de produção, que são como o embrião dum mundo social novo, e que já hoje modificam vantajosamente as condições industriais do obreiro, lhe dão força, nova alma para criar e esperar um futuro melhor, e prepará-lo corajosamente" (1973: 267). Pelo que se compreende que, para FONTANA, "o que convém é ir substituindo, sempre que for possível, ao regime do salário o regime cooperativo na produção" (1973: 269).

Ao contrário do ocorrido noutros países, em Portugal as polémicas no interior do movimento operário, opondo marxistas a anarquistas, revolucionários a possibilistas, bem como as suscitadas pela participação em eleições e pela aliança com os republicanos, não puseram em causa o valor da ação cooperativa em si própria, nem a sua conexão

---

cooperativas de produção e de consumo e grupos políticos, como participantes, em conjunto, do projeto socialista que deveria, à partida, lançar as bases da construção de uma nova ordem social na qual desempenhariam importante papel as cooperativas de produção e de consumo" (1973: 158). No ano seguinte no 2º Congresso, "assiste-se à integração das associações de classe e das cooperativas no Partido Socialista". Esta unificação das ações política e económica levou à dissolução da Associação dos Trabalhadores da Região Portuguesa, vocacionada para a luta económica, e do Partido Socialista, vocacionado para a intervenção diretamente política. Passou a haver uma só organização representativa do movimento operário, denominada Partido dos Operários Socialistas de Portugal (cf. OLIVEIRA, 1973: 158; e NOGUEIRA, 1964: 43).

com o movimento operário. Mas isso, como se viu, de modo nenhum significou que ela não estivesse profundamente radicada nele, sendo parte dos projetos de sociedade que abriam ao futuro as lutas sociais, dando-lhes ambição histórica e impregnando-as de um sonho de mudança.

Com tudo isto, não se quer sobrevalorizar o impacto socioeconómico das cooperativas, durante esse período de lançamento. Sabe-se bem que eram relativamente pouco numerosas, com predomínio de cooperadores oriundos de ofícios marginalizados pela evolução económica, em larga medida protagonizando iniciativas subsequentes a batalhas sociais perdidas[255]. Apenas se pretendeu tornar nítida a presença cooperativa no processo constitutivo do movimento operário em Portugal e, consequentemente, a marca desta pertença na identidade profunda do movimento cooperativo português.

4.8. As décadas posteriores

4.8.1. Uma vez cumprido o percurso previsto ao longo do período escolhido, é útil referir, ainda que com extrema brevidade e globalmente, o que, tendo ocorrido depois, de algum modo, pode ajudar a compreender a evolução do fenómeno cooperativo.

Logo em 1917, desencadeia-se na Rússia um processo revolucionário que viria a ter apreciável repercussão no movimento cooperativo. Até então, este fora fundamentalmente uma resposta, consonante com outras, às dificuldades criadas entre os trabalhadores pelo capitalismo. Surgia agora uma situação diferente, um novo desafio: a atividade cooperativa tinha de se articular, no âmbito de um processo económico dirigido pelo Estado, com outras formas de empresa, também animadas pela ideia de conduzirem a sociedade para fora do sistema capitalista. Uma questão se suscitava naturalmente: conseguido o poder de Estado,

---

[255] Cf. FONSECA (1983: 129), que chama também a atenção para um congresso sindical realizado em 1897, o qual, ao decidir mudanças táticas para potenciar a sua capacidade de resposta às sequelas da modernização, recomenda: 1. "Que os operários dos sectores industriais mais ameaçados pela mecanização se constituam em cooperativas; 2. Que estas se inspirem em princípios socialistas; 3. Que estes ofícios assim organizados reclamem do Estado a exclusividade da introdução das inovações técnicas" (1983: 128).

através de um dos pilares do movimento operário, como ia ele gerir as suas relações com os outros, nomeadamente, com o movimento cooperativo?

Numa síntese forçosamente esquemática, pode considerar-se dominante a tendência para instrumentalizar, quer os sindicatos, quer as cooperativas, num processo de fusão revolucionária, propulsionado pelo Partido dirigente e dramatizado pela guerra civil. É com facilidade, contudo, que nessa subalternização se detetam os ecos de posições antes existentes no movimento operário. No essencial, portanto, às cooperativas coube um papel modesto na construção soviética, sendo a sua presença mais visível na atividade agrícola.

Olhando para o modelo soviético, ao longo da sua vida, tão irremediavelmente marcada pelo estalinismo, pode dizer-se, que na prática não se procurou nunca a impregnação do horizonte socialista pela atmosfera cooperativa, mas apenas, quando muito, a instrumentalização desse tipo de estruturas para ocupar áreas onde a intervenção estatal direta era inequivocamente ineficaz. É a esta luz que se deve compreender a subsistência e o reforço de um relevante cooperativismo de consumo, cujas estruturas já estavam aliás presentes na ACI antes de 1917[256].

Mostrando como o estalinismo inquinou o regime soviético, merece referência o facto de LENINE, pouco antes de morrer, ter manifestado, em textos que viriam a conquistar significativa notoriedade, uma grande abertura ao incremento do papel das cooperativas na construção do socialismo. Os poucos anos de experiência do poder foram bastantes para essa relativa viragem. O sentido das suas posições não deixava margem para dúvidas: "atualmente o regime social que temos de apoiar acima de tudo é o regime cooperativo" já que "o regime dos cooperadores civilizados, quando os meios de produção pertencem à sociedade e o proletariado como classe triunfou sobre a burguesia, é o regime

---

[256] A interferência do Estado na vida das cooperativas e o pendor meramente instrumental com que eram encaradas, não foram pacificamente aceites pela ACI. Não só por estarem em causa princípios básicos da cooperação, mas também porque a tomada do poder pelos "bolcheviques" suscitou, quer a oposição das forças políticas burguesas, quer da maioria dos socialistas da II.ª Internacional.

socialista" (LENINE, 1973: 40 e 41)[257]. Não estará aqui em causa o modo concreto de articular o Estado com as cooperativas, mas está com certeza presente a ideia de que o socialismo do futuro deveria ter, na opinião de LENINE, uma impregnação cooperativa. Não a teve, mas o futuro que conseguiu alcançar foi mais curto do que o século XX.

4.8.2. Paralelamente, no quadro da crise que abalou a Europa na sequência da guerra, o universo cooperativo ia-se defrontando com novos problemas, nomeadamente, no que dizia respeito às suas relações com as outras componentes do movimento operário. A crise suscitada pela novidade da conjuntura, na comunicação entre cooperativas e sindicatos, veio claramente à superfície no Congresso de Basileia, realizado em 1921 pela ACI.

Aí, Victor Serwy tinha equacionado no seu relatório o problema da indiferença dos sindicatos pela especificidade das cooperativas, que eles tratavam como se fossem empresas comuns. Destacava como era gritantemente negativo ignorar o papel das cooperativas de consumidores na defesa dos interesses dos trabalhadores, tendo a resolução final lançado um apelo aos sindicalistas para que não esquecessem o carácter anticapitalista das cooperativas (cf. WATKINS, 1971: 141).

4.8.3. Pelas tomadas de posição que suscitou a figuras cimeiras do movimento operário e pelo tipo de problemas que levantou, há um episódio que merece ser mencionado. Ocorreu, quando no auge do movimento de ocupação de fábricas em 1920, na Itália, Giovanni Agnelli, patrão da FIAT, propôs a sua transformação numa cooperativa. Entre as vozes qualificadas que se ergueram contra a proposta

---

[257] É que para LENINE, "sendo o poder de Estado exercido pela classe operária, e detendo o Estado todos os meios de produção, apenas nos falta efetivamente agrupar a população em cooperativas. Logo que a população esteja agrupada o mais possível em cooperativas, o socialismo realiza-se por si-próprio..." (1973: 36). Como se vê, há nestas ideias, expressas em 1923, mais do que o corolário natural da "Nova Política Económica", porventura o sublinhar que o socialismo não se pode construir apenas a partir do Estado. Tudo isto foi, como se sabe, rapidamente esquecido e ignorado. Para maiores detalhes pode ler-se KRASHENINNIKOV (1988: passim).

salientaram-se a do liberal Luigi Einaudi e as dos comunistas GRAMSCI e TOGLIATTI.

As objeções situaram-se em dois planos: um, mais ostensivo, radicava-se no risco de uma operação de tal envergadura conduzir à necessidade de recorrer ao Estado, ficando-lhe subordinada; outro centrava-se nos riscos de enfraquecimento do ímpeto revolucionário, ao desviarem-se para este tipo de iniciativas as energias operárias[258]. É uma controvérsia rica de implicações, onde se sente a pressão das novas circunstâncias sobre as velhas questões. Perderá dramaticamente atualidade no ano seguinte: os fascistas começam a atacar as cooperativas já existentes. Por longos anos, em Itália, para as cooperativas o problema central será o da sobrevivência.

Desde então, na Itália, e anos mais tarde também na Alemanha, o movimento cooperativo é tratado por fascistas e nazis com sistemática brutalidade, tendo de se erguer praticamente das cinzas a partir de 1945. Dada a importância, em termos cooperativos, da Alemanha e da Itália, a repercussão dessas políticas autoritárias foi grande no seio da ACI (cf. WATKINS, 1971: 210 e ss).

4.8.4. Doutra natureza, eram as relações com a nova Internacional gerada a partir da revolução soviética, a terceira ou a Internacional Comunista. Henri Desroche sintetizou-as, através de uma imagem sugestiva: "Entre o comunismo da 3ª Internacional e o internacionalismo cooperativo não seria o casamento eufórico, não seria também o divórcio agressivo, mas um *modus vivendi* que, com fases alternadas de euforia e de agressividade, se perpetua até aos nossos dias" (1976: 95). Esta relativa tensão é percetível ao longo da história dos congressos da ACI, percebendo-se a essa luz que em Janeiro de 1936 o Executivo da ACI se tenha visto na necessidade de proclamar, para o movimento cooperativo, o direito "a reivindicar um lugar pelo menos igual a qualquer outra forma de empresa económica na vida de todos os Estados sem exceção"

---

[258] Cf. MORLEY-FLETCHER, 1986: LXIV e ss. Aliás, TOGLIATTI tocara num outro ponto: "Os industriais italianos, quando propõem a cessão das empresas para fazer delas cooperativas, no fundo apenas se propõem fazer dos atuais acionistas das sociedades capitalistas credores de sociedades cooperativas" (cit. por MORLEY-FLETCHER, ibid.: LXIV).

(cit. por WATKINS, 1971: 214).²⁵⁹ Torna-se claro que, também no concernente à União Soviética, a ACI coloca os problemas em termos de relações entre as cooperativas e o Estado, e não como aspeto de uma dialética interna entre componentes de um mesmo movimento ou de uma mesma constelação de movimentos.

4.8.5. O fim da 2ª Guerra Mundial abre um curto período de esperança, durante o qual se julga próxima e possível uma nova ordem mundial de paz e prosperidade. Em S. Francisco, uma conferência internacional lança as bases da ONU. A ACI dirige a essa assembleia uma relevante declaração, onde afirma o seu universalismo e a sua vontade de contribuir para a paz: "Os objetivos da ACI são económicos, sociais e humanitários, no sentido pleno da palavra, e toda a sua atividade nos últimos 50 anos não é mais do que uma campanha económica e política a favor da paz" (cit. por WATKINS, 1971: 238)²⁶⁰.

Mas é já uma atmosfera de guerra fria que paira no Congresso de Praga, em 1948: "O congresso, consequentemente, em nome do movimento cooperativo, reivindica o reconhecimento pleno e completo da cooperação voluntária na nova economia coletiva; recusa qualquer

---

[259] No ano seguinte, o Comité Central da ACI submete ao Congresso de Paris uma proposta de resolução que viria a ser adotada, na qual se sublinha:
"Que a cooperação, enquanto forma de expressão da sua própria atividade social é possível e necessária em todos os diferentes géneros de sistemas económicos e políticos mesmo que as suas tarefas e a sua importância variem de acordo com os diferentes sistemas, dependendo sobretudo do carácter dos grupos que conseguirem apossar-se do poder do Estado".
"Que o movimento cooperativo em todos os sistemas económicos pede para si próprio a maior liberdade de atividade na base dos seus próprios princípios e repudia qualquer esforço que tenha como objetivo controlar politicamente a sua atividade" (cit. por WATKINS, 1971: 222).
[260] Nesta mesma declaração, a ACI afirma abranger 75 milhões de cooperadores de 35 países, considerando-se "a mais poderosa das organizações internacionais, funcionando numa base voluntária". Assume-se como representando internacionalmente os consumidores e "cada vez mais os interesses dos produtores do mundo organizados cooperativamente, reivindicando a qualidade de "organização representativa do povo" (cf. WATKINS, 1971: 238).

sugestão de compromisso que oferecesse à cooperação uma posição estática de empresa e de forma subordinada ou restrita; e pede que a cooperação possa funcionar e desenvolver-se, dando assim ao indivíduo o direito democrático de aceitar livremente o princípio da associação voluntária" (cit. por WATKINS, 1971: 275). Abrir-se-á então um período de especial tensão entre as estruturas da ACI e os movimentos cooperativos dos novos países sob influência soviética, a partir da alegação da sua dependência em face dos respetivos Estados.

4.8.6. O movimento cooperativo inglês conhecera, entretanto, a partir da subida ao poder do *"Labour Party"*, uma desilusão amarga. Na verdade, os trabalhistas, uma vez no poder, em lugar de caminharem para a almejada *"Cooperative Commomwealth"*, enveredaram pelos caminhos de uma estatização dirigida a uma economia mista, sem incentivar relevantemente o desenvolvimento cooperativo.

Não estando em causa aqui uma análise detalhada das razões dessa política, ela traduziu uma frustração tanto maior quanto ao Partido Trabalhista estava ligado um partido cooperativo com deputados eleitos e quanto era amplo o consenso em torno da *"Cooperative Commomwealth" como* horizonte[261]. E como escreveu Malcolm Hornsby: "O abandono do sonho de uma transição progressiva para o socialismo cooperativo conduz à tentativa de reconsiderar a posição da cooperação dentro do sistema económico" (1988: 80).

4.8.7. Em 1949, os comunistas chineses tomam o poder em Pequim, desencadeando um forte surto de cooperação agrícola. A atitude chinesa não é qualitativamente diferente da soviética, mas a maior amplitude dos problemas e a própria centralidade do campesinato na revolução chinesa tornam algo específica a cooperação agrícola na China. Num texto em que a analisa, sintomaticamente, Mao TSE-TUNG,

---

[261] Como atrás se viu, o conceito da *"Cooperative Commonwealth"* estava profundamente radicado no cooperativismo inglês. Este corte, combinado com a emergência da ideia de uma economia mista, acabou por convergir com a problemática aberta por FAUQUET, ao valorizar a noção de sector cooperativo, como caminho realista, alternativo à ideia de uma "república cooperativa".

encarando as estruturas cooperativas apenas como parcialmente socialistas, não deixa de sublinhar a necessidade de garantir a "estrita observação do princípio do livre consentimento e do benefício mútuo" (1973: 78)[262].

4.8.8. Com os anos sessenta, na esteira da descolonização, desabrocha uma nova problemática cooperativa, ou pelo menos, um novo desafio para a cooperação. Trata-se da sua presença nos processos de desenvolvimento dos países subdesenvolvidos. Pode dizer-se que assim se potenciou um lento processo de deseuropeização, de que as Américas eram até então o polo quase exclusivo. A resposta ao novo desafio tem sido relativamente modesta. E até agora as cooperativas parecem não ter sofrido qualquer mutação estrutural, a partir das novas circunstâncias[263].

4.8.9. Nas duas últimas décadas do século XX, dois outros processos, aparentemente distantes entre si, suscitaram ecos que continuam a fazer-se sentir na dinâmica cooperativa. Um deles, desencadeado em França[264], no início dessa década, com subsequente reflexo na União

---

[262] Por discutível que seja, como limitação à autenticidade cooperativa, a subordinação ao poder de Estado, torna-se provável que a pressão das coisas abra crescentes espaços de autonomia às cooperativas chinesas. Diga-se aliás que estas aderiram há poucos anos à ACI, constituindo um dos maiores contingentes de cooperadores entre os países membros.

[263] Em 1960, pensando na realidade africana, Mamadou DIA escreveu: "Pela sua ação educativa, a cooperação forma o homem sem o desenraizar, dando-lhe o gosto da iniciativa pessoal, o sentido das responsabilidades, ao mesmo tempo que fortifica nele o sentido da solidariedade. Ensina o camponês negro a descobrir a sua personalidade de homem, sem com isso fazer correr o risco de um desenraizamento. No plano económico, a cooperação é a única forma, que seja do nosso conhecimento, exterior a qualquer coletivização radical, que possa assegurar com êxito, no estado da economia africana, a vulgarização dos meios modernos de produção" (cit. por GENTIL, 1986: 74). Meio século decorreu sobre as palavras do intelectual e dirigente africano, sem atirarem para um museu as suas ideias, que mais do que nunca conservam um amplo potencial futurante.

[264] Passou a ser identificado como economia social o conjunto de cooperativas, mutualidades e associações com protagonismo económico que, em França, nos finais da década de setenta se congregara numa estrutura federadora.

Europeia, é o da relevância atribuída à noção de economia social, que podemos identificar metaforicamente como uma galáxia, onde se situa, entre outras, a constelação cooperativa. Um conceito redescoberto como expressão de novas sinergias organizativas que, por si próprio, viria também a potenciar.

O outro foi o desmoronamento do modelo coletivista de Estado, desencadeado na segunda metade dos anos oitenta, habitualmente designado como modelo soviético, que se refletiu no campo cooperativo, na medida em que, perante a persistência e recente agravamento da crise do capitalismo, na constância da injustiça social que lhe é inerente, pode dar uma nova centralidade e revelar novas virtualidades da cooperação.

Virtualidades aliás enriquecidas pela conjugação da dinâmica cooperativa com as outras áreas da economia social. De facto, o processo de afirmação deste novo conjunto, embora a partir de perfis, por vezes, algo diferenciados, tem vindo a ganhar consistência crescente. Isso tem acontecido com especial intensidade em alguns países europeus, entre os quais merece destaque a Espanha, sendo certo que, no caso português, ele ganhou especial relevo a partir de 2010.[265]

De facto, esvaída a alternatividade sistémica do modelo soviético, em face do capitalismo, ganhou uma força nova a ideia de um pós-capitalismo, gerado a partir das lógicas de resistência das organizações que vivem no capitalismo em subalternidade, movidas por uma lógica distinta da lucratividade, lógica esta que desde sempre foi a espinha dorsal da ideologia capitalista. E assim, independentemente da subjetividade dos seus agentes concretos, a economia social viu-se objetivamente colocada nessa posição desafiante de alternativa global. Uma alternativa

---

[265] O INSCOOP (Instituto António Sérgio do Sector Cooperativo) foi reconvertido numa cooperativa de interesse público, abrangendo toda a economia social, a CASES (Cooperativa António Sérgio para a Economia Social), na qual participou desde o início a quase totalidade das constelações dessa galáxia. Já em 2011, foi criado o CNES (Conselho Nacional da Economia Social), órgão de consulta do Governo integrado pelas referidas constelações, presidido pelo Primeiro-ministro. Tendo havido eleições em meados de 2011, delas ruiu um governo de direita, o qual viria a reanimar o CNES em Dezembro de 2012.

vocacionada para a integração plena numa estratégia reformista, radical mas irredutivelmente democrática. Nem todos a encaram nessa perspetiva, mas é impossível ignorar que alguns o fazem.

4.8.10. Estes tópicos dispersos indiciam bem a complexidade do movimento social em análise, mostrando como, enfrentando os desafios quotidianos, não perde nunca a ambição pelos mais largos horizontes. Isto mesmo foi eloquentemente expresso por Michel Rocard quando, em 1982, enunciou os dois mais importantes objetivos de transformação social que deviam ser visadas pelo movimento cooperativo: "O primeiro é o de assegurar uma "rutura" progressiva, ou uma progressiva diferenciação em face dos mecanismos capitalistas tradicionais. Que o poder económico não pertença mais aos detentores dos capitais, e que a legitimidade de tais poderes seja expressa, transferida e conferida aos dirigentes por todos os que trabalham na empresa, é uma inovação de imensa importância. E constitui uma rutura central com os mecanismos capitalistas, ainda que diluída no tempo". O segundo objetivo, corolário do primeiro, é o de que "esta transformação consiste em criar uma zona de democracia económica autêntica; uma zona de atividade, na qual o trabalhador seja ao mesmo tempo cidadão, e não súbdito, mesmo no local de trabalho." (cit. por Morley-Fletcher, 1986: LXXXI).

Capítulo 5
Conclusão

Ao longo deste texto, mostrou-se que o fenómeno cooperativo não pode ser encarado apenas como rede de organizações, cuja identidade se manifeste nas suas características mais aparentes e comuns, sob pena de assim se desprezarem vetores indispensáveis à sua plena compreensão.

Ficou claro que na sua génese está uma prática social – a cooperação – inerente à vida dos homens em sociedade. Generalizada e essencial nos primórdios da humanidade, foi drasticamente subalternizada com o aparecimento das sociedades de exploração, subsistindo apesar de tudo como um heterogéneo arquipélago, temporal e espacialmente disperso. Na primeira metade do século XIX, a prática cooperativa readquiriu na Europa um renovado vigor, como especialização ocorrida no seio da nebulosa associativa, que foi o primeiro rosto ainda difuso do movimento operário.

Encarar o movimento cooperativo moderno, como um reaparecimento histórico da cooperação e como parte do movimento operário, permite compreendê-lo melhor. A sua dinâmica surge, desse modo, como resultado da intersecção de dois processos sociais mais amplos, com origem, duração e ritmo distintos.

A metáfora da constelação, que atrás se usou para tornar mais nítida a noção de movimento operário, pode também funcionar no quadro acima definido. Podemos imaginar que tudo se passa como se uma constelação mais recente e menos dispersa tivesse intersectado uma outra mais antiga e mais dispersa, sendo o movimento cooperativo o espaço de intersecção das duas, um lugar de combinação dos dois sistemas de forças.

Entre as implicações mais relevantes da valorização desta metáfora, três merecem destaque: 1) a autonomia e a especificidade do movimento cooperativo não são postas em causa pela sua pertença a duas constelações, já que daí só resulta a inserção em dois campos de forças; 2) a sua integração em cada um dos conjuntos não deixa de ser condicionada pela sua pertença ao outro; 3) o movimento cooperativo tende a ser mais diretamente influenciado pela lógica da constelação menos dispersa.

Sabendo-se embora que a realidade cooperativa é um tecido heterogéneo, com uma história rica de flutuações, quer em função do lugar onde ocorreu, quer em função do tempo em que aconteceu, não deve esquecer-se que essa mutabilidade traduziu e representou, também, alterações conjunturais no sistema de influências combinadas acima referido. E não se exclui que tenha havido momentos em que se fez sentir mais a força do conjunto dotado da energia mais dispersa (a cooperação), embora o mais comum tenha sido a prevalência da pressão do conjunto mais denso (o movimento operário).

Viu-se que as relações do movimento cooperativo com o movimento operário, no seu todo, foram muitas vezes atravessadas por uma tensão de intensidade variável, de acordo com as circunstâncias: pulsões independentistas, por parte das cooperativas, pressões para as excluir do movimento operário, por parte das outras componentes.

A estabilidade do sistema de relações entre as componentes da constelação não exclui que entre elas exista tensão e até, por vezes, alguma turbulência. É exatamente nessa medida que o processo de diferenciação cooperativa, não correspondeu ao estilhaçamento irreversível da nebulosa associativa inicial. Um estilhaçamento que, paralelamente, tivesse transformado as cooperativas em algo de irremediavelmente estranho ao movimento operário.

De facto, a irreversibilidade dessa dispersão, para além de pressupor um continuado processo de tensões entre as componentes em causa, exprimir-se-ia necessariamente através de um recíproco afastamento sem retorno. Ora, a verdade é que, ao longo da evolução cooperativa, se assistiu, como se viu, a fases de acentuada fractura seguidas por fases de reaproximação, desmentindo, assim, os factos a ideia de uma irreversibilidade dessa dispersão.

Na verdade, sendo o universo cooperativo um processo consubstanciado em duas dinâmicas diferentes, percebe-se que a sua pertença ao movimento operário coexista com tensões e turbulência. Mas isso também ajuda a compreender por que razão a dialética independência-exclusão não desembocou numa irreversível fratura[266]. Realmente, a turbulência no seio de cada constelação, refletia afinal a interferência de um outro campo de forças, que embora incapaz de pôr em causa a subsistência da outra constelação, em si própria, era suficientemente efetivo para suscitar essa turbulência.

Um outro fator dessas tensões, aliás usado para alimentar a dúvida quanto à pertença do movimento cooperativo ao movimento operário, é, como se disse, o facto de haver organizações cooperativas constituídas por elementos que não são operários, nem pertencem ao respetivo movimento. Contrapôs-se a esta alegação o carácter paradigmático das formas organizativas do movimento operário, no que concerne à resistência ao capitalismo, o que tornava natural que, representando a cooperativa uma forma de defesa económica através da atividade empresarial, ela fosse usada também por grupos sociais não-operários, para proteção imediata contra os predadores inerentes ao capitalismo, no mesmo terreno[267].

A argumentação parece-me convincente, mas fica reforçada, se esta problemática for encarada a partir do ângulo de análise atrás exposto. Efetivamente, se o movimento cooperativo é uma dinâmica constituída pela convergência de dois processos, nos termos atrás expressos, percebe-se melhor que elementos não-operários recorram à forma cooperativa. É que, desse modo, é mais fácil a irradiação de uma forma oriunda do movimento operário, envolvendo elementos que à partida

---

[266] A imagem de uma espiral gerada pelo facto de as pulsões independentistas ativarem o arreganho da exclusão, que por sua vez agrava aquelas, e assim sucessivamente, podia ser contrariada pela ideia de que a realidade se mostra mais fielmente transcrita por um movimento centrífugo que a partir de um certo grau de afastamento tende a enfraquecer, tornando-se reversível, um movimento de harmónio.
[267] Podemos recordar camponeses, pequenos proprietários rurais, pequenos comerciantes, artesãos, profissionais liberais.

lhe eram exteriores, porque através de um outro processo social, a cooperação em sentido amplo, se comunicava naturalmente com práticas semelhantes[268].

Igualmente se compreende melhor, a esta luz, que se[269] mantenham congregadas tão duravelmente num único universo cooperativo, entidades com raízes sociais tão diferentes[270].

Se o potencial clarificador da conjugação dos dois contextos referidos não deve ser desvalorizado, não se pode, também, abdicar na análise das cooperativas de modo a poder-se penetrar na complexidade funcional concreta de cada entidade, nem esquecer as questões comuns a todo um ramo, ou mesmo ao setor cooperativo de cada país.

Torna-se assim ostensiva a falta de rigor e o carácter arbitrário de qualquer fixismo categorial, assente em tradições ou inércias, que reflitam a relevância exclusiva de um segmento limitado da trajetória cooperativa histórica, mesmo que ele seja ele o mais próximo de nós[271]. Tanto mais que é cada vez menos realista conceber o futuro como simples projeção do presente.

Mas a noção de movimento cooperativo, para não ficar truncada, tem também de incorporar a problematização da sua conexão com o socialismo. Viu-se como esta problemática impregnou a dialética independência-exclusão, ocorrida nas relações das cooperativas com o movi-

---

[268] Recordem-se as cooperativas agrárias, as das classes médias ou as de empresários.

[269] Sabe-se que também os sindicatos se tornaram numa forma de defesa de interesses de não-operários, e como, mesmo os partidos políticos operários, estão longe da "pureza". Tal não retira validade a esta via de explicação, uma vez que pode estar em causa uma especial intensidade do fenómeno, destinando-se a hipótese explicativa a ajudar a compreender esse acréscimo de intensidade no extravasar dos limites sociais básicos do movimento operário.

[270] Como se viu atrás, a Aliança Cooperativa Internacional é uma estrutura que associa cooperativas de todos os ramos, gerados por circunstâncias históricas muito diversas e por sistemas sociais distintos.

[271] Num trajeto irregular, como se sabe ter sido o da evolução cooperativa, se o segmento tido em conta fosse apenas o de um período de tensão, podia ver-se no futuro uma ação cooperativa isolada, se fosse o contrário podia sonhar-se com uma grande congregação de esforços. Em ambos os casos, uma visão unilateral limitava a capacidade de perceber o verdadeiro desenvolvimento cooperativo.

mento operário no seu todo. Foi uma impregnação multiforme, dado não haver identidade de posições e univocidade de entendimentos. Mas um dos afloramentos do potencial clarificador da metáfora da constelação, quando descreve inserção das cooperativas no movimento operário, é a ideia de convergência e sinergia entre o cooperativismo e o socialismo, na partilha de valores e ao encararem-se mutuamente em termos positivos[272].

A fecundidade desta abordagem pode ser enriquecida, conjugando-se com o caminho atrás aventado. Ou seja, pensar-se no desenvolvimento do cooperativismo, encarando-o como parte de uma nova galáxia de constelações solidárias que adote uma atitude ofensiva na cena política. Ela incorporaria as cooperativas, todas as estruturas situadas no espaço tradicional do movimento operário, toda a área próxima da dinâmica histórica da cooperação, bem como as organizações sociais movidas por uma lógica não-lucrativista, sejam elas estritamente mutualistas ou genericamente solidárias.

Seria, ao fim e ao cabo, uma irradiação a partir do espaço cooperativo através das duas constelações que nele convergem, acrescida pelo efeito de atracão exercido nas áreas ou dinâmicas mais próximas. Estar-se-ia, não só perante uma atitude de resistência ao capitalismo, mas também perante o despontar de um modo de viver diferente. Desta maneira, estar-se-ia necessariamente a convergir com a perspetiva socialista, na sua tradição antiautoritária, democrática e internacionalista, podendo dizer-se até que se estava desenhar-lhe um novo rosto, ou um dos seus novos rostos[273].

Merece também ser mencionada a questão da autenticidade e da eficácia da atitude anticapitalista do cooperativismo[274]. Até há duas

---

[272] Como se sabe, havia quem, em nome da eficácia da luta pelo socialismo, se demarcasse da ação cooperativa; quem confiasse nela como alternativa suscetível de conduzir ao esvaziamento daquele; quem visse em ambos duas metades de uma mesma lógica.
[273] António Sérgio, por exemplo, um dos mais destacados ideólogos do cooperativismo em Portugal falava do socialismo cooperativo. O mesmo tendo acontecido com Bernard Lavergne, no seu *Le socialisme à visage humain – L'ordre coopératif* (1971: passim).
[274] Neste plano, o modelo soviético não foi afinal mais do que um coletivismo de Estado. Teria sido não o socialismo *real*, mas o socialismo *irreal*, no sentido que foi um projeto que

décadas era dominante a ideia de que o cooperativismo dispunha de uma energia anticapitalista fraca, em comparação com a energia mais forte dos modelos coletivistas de Estado e mesmo da intervenção do Estado na vida económica, levada a cabo pelas políticas marcadas pela social-democracia que contribuíram para a afirmação do Estado Providência. O movimento cooperativo dispunha da energia anticapitalista bastante enquanto resistência, mas faltava-lhe força na qualidade de alternativa.[275]

Hoje, com o desmoronamento do coletivismo de Estado e com o arrastar da crise do providencialismo estatal dentro do capitalismo, tornou-se claro que a energia anticapitalista que esses modelos pareciam possuir era mais aparente do que real; era afinal menos consistente do que a fragilidade cooperativa.

Neste último campo, de facto, a atividade mantém-se, revelando-se como a principal prática empresarial animada por uma lógica propulsora diferente da lógica capitalista, suscetível de gerar um horizonte alternativo. Impõe-se por isso reavaliar o sentido do a-capitalismo da lógica cooperativa, sabendo-se que a sua atitude é para já fundamentalmente de resistência e que a sua energia alternativa poderá ter um cariz diferente. Nomeadamente, poderá revelar-se como elemento decisivo de um novo reformismo, cuja dinâmica seja o rosto novo do socialismo.

Seria estulto ostentar certezas nestas matérias, mas parece claro que se constituiu uma teia de problemas conexionados entre si que deve ser abordada globalmente. É aí que se situam questões sobre a pereni-

---

não chegou a tornar-se realidade. Para quem via no modelo soviético uma transição para o socialismo, é agora claro que essa transição ficou bloqueada, tendo-se transformado numa simples pausa na evolução do capitalismo mundial, esvaziada quase por completo de qualquer potencial futurante.

[275] É certo que houve cooperativistas, correntes doutrinárias do cooperativismo, que aceitaram o capitalismo como um dado de facto que não estava em causa; mas mesmo esses agiram para resistir às suas arestas mais cortantes. Em contrapartida, o anti capitalismo dos cooperativistas era partilhado mesmo por não-socialistas, nomeadamente, por todos quantos viam no cooperativismo uma via diferente, quer do capitalismo, quer do socialismo.

dade e a natureza da evolução do capitalismo; sobre o modo de o socialismo ganhar corpo através de uma estratégia reformista; sobre o lugar da ação cooperativa na luta socialista e na resistência ao capitalismo. Tudo isto, devendo ser sobre determinado pela pertença da constelação cooperativa à galáxia da economia social.

E a terminar, sublinhe-se uma ideia central desta conclusão. Aceite-se a metáfora proposta, que sublinha como as cooperativas são um processo social em que se conjugam dinâmicas distintas, mas imbricadas. Valorize-se a irradiação da cooperatividade como via em si qualificante da vida social. A partir destes dois vetores, o desenvolvimento cooperativo será decisivamente condicionado pela evolução da sociedade no seu todo, podendo beneficiar de interferências incentivadoras vindas do seu exterior e ter de enfrentar obstáculos bloqueadores. Estará, por isso, longe de poder ser utilmente pensado como mera construção ideológica, radicada em doutrinas mais ou menos sugestivas, envolvidas num voluntarismo próximo da engenharia social.

BIBLIOGRAFIA

ANCARANI, Giovanni (1984), "Le Istituzioni Cooperative nella Storia della Società Italiana", in *La Cooperazione per un Progetto della Società Italiana*, Milão, Franco Angeli.

ANDRADE, Inácio Rebelo de (1990), *O Itinerário Cooperativo Português*, Évora, Universidade de Évora.

AXELROD, Robert (1986), *La evolucion de la cooperacion*, Madrid, Alianza Editorial.

BANCAL, Jean (1977), "Proudhon et le Mouvement Coopératif", *Archives Internationales de Sociologie de la Coopération et du Développement*, nº 41-42, Paris.

BASTOS, João Carlos Pereira (1977), *Cooperativas depois de Abril – uma força dos trabalhadores*, Coimbra, Centelha.

BEAUD, Michel (1981), *Histoire du capitalisme – 1500-1980*, Paris, Éditions du Seuil.

– (1982), *Le Socialisme à l'Épreuve de l'Histoire – 1800-1981*, Paris, Éditions du Seuil.

BEDARIDA, François (1972), "Le socialisme anglais de 1848 à 1875", in *Histoire Générale du Socialisme* (T. 1), Paris, PUF.

– (1972), "Le socialisme en Angleterre jusqu'en 1848", in *Histoire Générale du Socialisme* (T. 1), Paris, PUF.

– (1974), "Le socialisme en Grande--Bretagne de 1875 à 1914", in *Histoire Générale du Socialisme* (T. 2), Paris, PUF.

BELLOCCHI, Ugo (org.) (1986), *Il Pensiero Cooperativo dalla Bibbia alla Fine dell'Ottocento* (Vs. I, II e III), Reggio Emilia, Tecnostampa.

BERNSTEIN, Eduard (1977) "Importance de la force économique des coopératives de consommation", *Archives Internationales de Sociologie de la Coopération et du Développement*, nº 41-42, Paris.

BERTRAND, Louis (1977), "Les avantages cooperatifs", in *Archives Internationales de la Coopération et du Développement*, nº 41-42, Paris.

BRIGANTI, Walter (1988), "I Rapporti fra I Cooperatori Italiani e Stranieri e in Particolare fra la Lega Nazionale delle Cooperative e l'ACI", in

Il Movimento Cooperativo nella Storia d'Europa, Milão, Franco Angeli Editore.

BROUCKERE, Louis de (1939), *Les Aspects Politiques du Mouvement Coopératif*, Bruxelas, Les Propagateurs de la Coopération.

BRUHAT, Jean (1972), "Le Socialisme français de 1815 à 1848", in *Histoire Générale du Socialisme* (T. 1), Paris, PUF.

– (1972), "Le Socialisme français de 1848 à 1871", in *Histoire Générale du Socialisme* (T. 1), Paris, PUF.

CABRAL, Manuel Vilaverde (1983), *Proletariado – o Nome e a Coisa*, Lisboa, A Regra do Jogo.

CARBONNIER, Jean (1979), *Sociologia Jurídica*, Coimbra, Livraria Almedina.

CARELLO, Luis Armando (1986), "La Cooperacion y la economia social en el mundo", in *Jornadas de Estudio sobre Universidad, Cooperativismo y Economia Social*, Madrid, Minist. Trab. y Seg. Social.

CESCE (Comité Economique et Sociale des Communautés Européennes) (1986), *Les Organisations Coopératives, Mutualistes et Associatives dans la Communauté Européenne*, Bruxelas, Editions Delta.

CHAMORRO TURREZ, Eduardo (1968), *Introduccion al Cooperativismo*, Madrid, Editorial ZYX.

CORREIA, J. M. Sérvulo (1965), "Cooperação, Cooperativismo e Doutrina Cooperativa", *Estudos Sociais e Corporativos*, nº 15, Lisboa.

CORVO, Andrade (1978), "Do preâmbulo à proposta de lei – 1867", in *Doutrinadores Cooperativistas Portugueses*, Lisboa, Livros Horizonte.

COSTA, Fernando Ferreira da (1956), *O Movimento Cooperativo Britânico*, Lisboa, Edição do Autor.

– (1978), *Doutrinadores Cooperativistas Portugueses* (Ensaio introdutório de), Lisboa, Livros Horizonte.

DANEAU, Yvon (1985), "Les fondements de la politique internationale du mouvement coopératif mondial: une nouvelle approche?", in *Les principes Coopératifs – Hier, Aujourd'hui, Demain?*, Le Mans, Université du Maine.

DEGL'INNOCENTI, Maurizio (1977), *Storia della Cooperazione in Italia – 1886-1925*, Roma, Editori Riuniti.

DESROCHE, Henri (1976), *Le Projet Coopératif*, Paris, Les Éditions Ouvrières.

– (1977), "FOURIER Charles (1772--1837)", in *Économie et Sociologie Coopératives* – nº 41-42, AISCD, Paris.

– (1983), *Pour un Traité d'Économie Sociale*, Paris, C.I.E.M..

DIVAR, Javier (1985), *La Alternativa Cooperativa*, Barcelona, Ediciones CEAC.

DOWE, Dieter (1988), "Le unioni di cooperative commerciali, agrarie e di consumo in Germania nel XIX e XX secolo", in *Il Movimento Cooperativo nella Storia d'Europa*, Milão, Franco Angeli Editore.

DRIMER, Alicia Kaplan de e Bernardo DRIMER, (1975), *Las Cooperativas – Fundamentos – Historia – Doctrina*, (2ª Ed.), Buenos Aires, Intercoop.

DROZ, Jacques (1972), "Les débuts du socialisme belge", in *Histoire Générale du Socialisme* (T. I), Paris, PUF.

– (1972), "Les origines de la social-démocratie allemande", in *Histoire Générale du Socialisme* (T. 1), Paris, PUF.

– (1989), *História da Alemanha*, Lisboa, Publicações Europa-América.
EISENBERG, Christiane (1986), "Il movimento cooperativo tedesco (1850--1914): fattori di sviluppo economici e sociopolitici", in *Le imprese Cooperative in Europa*, Pisa, Nistri-Lischi.
ENGELS, Friedrich (1962), *Do Socialismo utópico ao socialismo científico*, Rio de Janeiro, Editorial Vitória.
– (1963), *Anti-Dühring*, Paris, Éditions Sociales.
– (1965), "Introduction" a *Les Luttes de Classes en France – 1848-1850*, Karl Marx, Paris, J. J. Pauvert éditeur.
FAUQUET, Georges (1979), *O Sector Cooperativo*, Lisboa, Livros Horizonte.
FAVREAU, Louis (2010), *Mouvement coopératif – une mise en perspective*, Québec, Presses Universitaires du Québec.
FLORQUIN, Frans (1990), "Raiffeisen: l'homme et son époque; la pertinence actuelle de ses idées", in *IRU--COURIER*, nº 2, Bona.
FONSECA, Carlos da (1983), "Rôle des Coopératives dans l'économie libérale portugaise entre 1871 et 1890", in *Le fait coopératif et mutualiste (Actes du Colloque de Limoges – 1981)*, Limoges, Trames – Université de Limoges.
FONTANA, José (1973), "O Quarto Estado", in OLIVEIRA, César, *O Socialismo em Portugal – 1850-1900*, Porto, Afrontamento.
FOURNIÈRE, Eugène (1910), *L'Unité Coopérative*, Paris, Marcel Rivière.
FRÉMEAUX, Philippe (2011), *La Nouvelle Alternative?*, Paris, Les Petits Matins/Alternatives Économiques.

GALGANO, Francesco (1981), *La Società per Azione, Le Altre Società di Capitali, Le Cooperative*, 3ª ed., Bolonha, Zanichelli.
GENTIL, Dominique (1986), *Les Mouvements Coopératifs en Afrique de l'Ouest*, Paris, UCI/L'Harmattan.
GIDE, Charles (1974), *El Cooperativismo*, Buenus Aires, Intercoop.
GOODOLPHIM, Costa (1974), *A Associação*, Lisboa, Seara Nova.
GORZ, André (1964), *Stratégie ouvrière et néo.capitalisme*, Paris, Éditions du Seuil.
– (1969), *Réforme et Révolution*, Paris, Éditions du Seuil.
– (1980), *Adieux au Prolétariat*, Paris, Galilée.
– (1991), *Capitalisme, Socialisme, Écologie*, Paris, Galilée.
GUESLIN, André (1987), *Invention de l'Economie Sociale*, Paris, Economica.
GUICHONNET, Paul (1974), "Le Socialisme italien des origines à 1914", in *Histoire Générale du Socialisme* (vol. 2), Paris, PUF.
HENRY, André (1987), *Serviteurs d'Idéal* (T. 1), Paris, Centre Fédéral/FEN.
HERMOSILLA, Angel e Joaquim SOLÁ (1990), *Cooperação Empresarial*, Lisboa, IAPMEI.
HERNANDEZ, Santos (1990), *Macrocooperativas y Cooperativismo sanitario*, Barcelona, Fundación Espriu.
HOLYOAKE, Jorge J. (1973), *Historia de los Pioneros de Rochdale*, Saragoça, AECOOP.
HORNSBY, Malcom (1988), "La cooperazione nel Regno Unito – 1886--1986", in *Il Movimento Cooperativo nella Storia d'Europa*, Milão, Franco Angeli.

JAURÉS, Jean (1977), "L'unité coopérative", *Archives Internationales de Sociologie de la Coopération et du Développement*, nº 41-42, Paris.

KAUTSKY, Karl (1972), *A Questão Agrária* (vol. 1), Porto, Portucalense Editora.

KRASHENINNIKOV, A. I. (1988), *The international Co-operative Movement*, Moscovo, Centrosoyus.

KRIEGEL, Annie (1968), *Las Internacionales Obreras*, Barcelona, Ediciones Martínez Roca.

– (1972), "L'Association Internationale des Travailleurs (1864-1876)", in *Histoire Générale du Socialisme* (T. 1), Paris, PUF.

– (1974), "La IIe Internationale (1889-1914)", in *Histoire Générale du Socialisme* (T. 1), Paris, PUF.

LAIDLAW, Alexander Fraser (1983), *As Cooperativas no Ano 2000*, Lisboa, INSCOOP.

LAIRE, Jean-Pierre (1985), *Guide Juridique des Sociétés Coopératives*, Paris, Editions de Vecchi.

LAMBERT, Paul (1975), *La Doctrina Cooperativa*, Buenos Aires, Intercoop.

LARANJO, José Frederico (1978), "Das Sociedades Cooperativas", in *Doutrinadores Cooperativistas Portugueses*, Lisboa, Livros Horizonte.

LASSALLE, Ferdinand (1977), "Socialisme et associations ouvrières de production", *Archives Internationales de Sociologie de la Coopération et du Développement*, nº 41-42, Paris.

LASSERRE, Georges (1966), *A Empresa Socialista na Jugoslávia*, Lisboa, Morais Editora.

LAVERGNE, Bernard (1971), *Le socialisme à visage humain (l'ordre coopératif)*, Paris, PUF.

LAVILLE, Jean-Louis (2010), *Politique da l'association*, Paris, Éditiond du Seuil.

– (2011), *Agir à gauche/L'economie sociale et solidaire*, Paris, Desclée de Brouwer.

LEFRANC, Georges (1965), *El Sindicalismo en el Mundo*, Madrid, Editorial ZYX.

LEITE, João Salazar (1982), *Cooperação e Intercooperação*, Lisboa, Livros Horizonte.

LENINE, V. I. (1973), "Sobre a cooperação", in *Cooperativismo e Socialismo*, Coimbra, Centelha.

LUKÁCS, Georg (1974), *História e Consciência de Classe*, Porto, Publicações Escorpião.

LUXEMBURGO, Rosa (1969), *Réforme sociale ou révolution? (Oeuvres – I)*, Paris, Maspero.

– (1970), *Greve de massas, partido e sindicatos*, Coimbra, Nosso Tempo.

MANDEL, Ernest (1962), *Traité d'Économie Marxiste* (T. I), Paris, Julliard.

MARBÁN SANTOS, Salvador (1968), *Cooperatismo y Cooperativismo*, México, UTEHA.

MARQUES, Maria Manuel, *et al.* (1991), *Direito Económico*, Coimbra, Almedina.

MARX, Karl (1965[a]), *Les Luttes de Classe en France – 1848-1850*, Paris, J. J. Pauvert.

– (1965[b]), *Le 18 Brumaire de Louis Bonaparte*, Paris, J. J. Pauvert éditeur.

– (1969), *Le Capital* (Livre 1), Paris, Garnier/Flammarion.

– (1971), *Crítica do Programa de Gotha*, Coimbra, Nosso Tempo.
– (1971ᵇ), *A guerra civil em França*, Coimbra, Nosso Tempo.
– (1973), "O Cooperativismo", in *Cooperativismo e Socialismo*, Coimbra, Centelha.
MARX, Karl e Friedrich ENGELS (1972), *Le Syndicalisme* (vol. I e II) (antol.), Paris, Maspero.
– (1974), *Manifesto do Partido Comunista*, Coimbra, Centelha.
MAUSS, Marcel (1977), "Rapport sur les relations internationales", *Archives Internationales de Sociologie dela Coopération et du Développement*, nº 41-42, Paris.
MAZZINI, Giuseppe (1986) "Lavoro per la Cooperazione", in Ugo Bellocchi (org.), *Il Pensiero Cooperativo dalla Bibia alla Fine dell' Ottocento*, Vol. II, Reggio Emilia, Tecnostampa.
MLADENATZ, Gromoslav (1969), *Historia de las Doctrinas Cooperativas*, Buenos Aires, Intercoop.
MONZÓN CAMPOS, José Luis (1989), *Las Cooperativas de Trabajo Asociado en la Literatura Economica y en los Hechos*, Madrid, Ministerio de Trabajo y Seguridad Social.
MORLEY-FLETCHER, Edwin (1986), "Certezza per rischiare, competere per cooperare: una introduzione", in *Cooperare e Competere* (vol. I), Milão, Feltrinelli.
NAMORADO, Rui (1979), *Cooperativismo e Direito – Introdução à problemática jurídica das cooperativas*, Coimbra, Edição do autor (policop.).
– (1986), "Em Defesa de um Projecto Autogestionário (Cinco Teses sobre o Controle da Produção Dez Anos depois de Abril)", *Revista Crítica de Ciências Sociais*, nº 18/19/20, Coimbra.
– (1988), *A economia social em questão*, Coimbra, Oficina do CES.
– (1991), "Para uma política cooperativa", *Informação Cooperativa*, nº 7/ /8, Coimbra.
– (1995), "Para uma política cooperativa", *Informação Cooperativa*, nº 7/ /8, Coimbra.
– (1995), *Os Princípios Cooperativos*, Coimbra, Fora do Texto.
– (2000), *Introdução ao Direito Cooperativo*, Coimbra, Almedina.
– (2005), *Cooperatividade e Direito Cooperativo*, Coimbra, Almedina.
NISBET, Robert A. (1972), "Cooperation", in *International Encyclopedia of Social Sciences*, vol. 3, Nova Iorque, The Macmillan Company & The Free Press.
NOGUEIRA, César (1950), "Breves notas sobre Cooperativismo", in *Cooperativa do Povo Portuense – quinquagésimo aniversário*, Porto, Cooperativa do Povo Portuense.
– (1964), *Notas para a História do Socialismo em Portugal (1871-1910)*, Lisboa, Portugália Editora.
OLIVEIRA, César (1973), *O Socialismo em Portugal, 1850-1900*, Porto, Afrontamento.
– (1974), "Prefácio" de *A Associação*, de Costa Goodolphim, Lisboa, Seara Nova.
PEASE, E. (1909), "L'Avenir de la Coopération en Angleterre", in *Coopération et Socialisme en Angleterre*, Paris, Librairie des Sciences Économiques et Sociales Marcel Rivière.

PEREZ TURRADO, Miguel (1966), *Cooperativismo y Política*, Madrid, Editorial ZYX.

PINHO, Diva Benevides (1962), *Dicionário de Cooperativismo*, São Paulo, Universidade de São Paulo.

– (1966), *A Doutrina Cooperativa nos Regimes Capitalista e Socialista*, São Paulo, Livraria Pioneira Editôra.

POISSON, Ernest (1914), *La Coopération Nouvelle*, Paris, Marcel Rivière.

PUISSANT, Jean (1986), "Approccio economico, politico e psico-sociológico alla storia della cooperazione in Belgio", in *Le Imprese Cooperative in Europa*, Pisa, Nistri-Lischi.

– (1988), "La cooperazione in Belgio: una speranza parzialmente delusa", in *Il Movimento Cooperativo nella Storia d'Europa*, Milão, Franco Angeli.

RAMIREZ B., Benjamin (1987), "CIUDEC", in *Las Cooperativas en América Latina – I*, São Leopoldo, UNISINOS.

– (1989), *Teoria y Doctrina de la Cooperacion*, Bogotá, ESACOOP/Fondo Nacional Universitario.

REBERIOUX, Madeleine (1974), "Le socialisme belge de 1875 à 1914", in *Histoire Générale du Socialisme* (T. 2), Paris, PUF.

– (1974), "Le Socialisme français de 1871 à 1914", in *Histoire Générale du Socialisme* (T. 2), Paris, PUF.

ROSADO VELEZ, Otilio (1988), "La Integración del Sindicalismo y el Cooperativismo. El Movimiento de los Trabajadores. Factores que Impíden la Integración entre los Sindicatos y las Cooperativas", *Revista Cooperativa Puertorriqueña*, vol. I, nº 1, São João.

ROSANVALLON, Pierre (1988), *La Question Sindicale*, Paris, Calman-Lévy.

SANTOS, Boaventura de Sousa (1990), *O Estado e a Sociedade em Portugal (1974-1988)*, Porto, Afrontamento.

SARTRE, Jean-Paul (1972), *Situations – VIII*, Paris, Gallimard.

SCHNEIDER, José Odelso (1990), "As Contribuições dos Cristãos no Desenvolvimento do Cooperativismo no Século XIX", in *Cadernos CEDOPE*, nº II-3, São Leopoldo, UNISINOS.

SCHULTZE-DELITZCH, H. (1977), "Vers la coopérative de production par des Banques du Peuple", in *Archives Internationales de Sociologie de la Coopération et du Développement*, nº 41-42, Paris.

SÉRGIO, António (1939), [*Prefácio de O Programa Cooperativista*, de Charles Gide, 2º vol.], Lisboa, Seara Nova.

– (1947), *Alocução aos Socialistas*, Lisboa, Editorial Inquérito.

– (1948), *Confissões de um Cooperativista*, Lisboa, Editorial Inquérito.

– (1950), "O Cooperativismo e a Justiça Social", in *Cooperativa do Povo portuense – quinquagésimo aniversário*, Porto, Cooperativa do Povo Portuense.

– (1958), *Sobre o Espírito do Cooperativismo*, Lisboa, Edição do Autor.

SILVA, Fernando Emydgio da (1905), *O Operariado Português na Questão Social*, Lisboa, Typografia Universal.

SOBOUL, Albert (1972), "Utopie et Révolution française", in *Histoire Générale du Socialisme* (T. 1), Paris, PUF.

Sousa, José Ferreira Marnoco e (1900), *Lições de Economia Social*, Coimbra, Typographia França Amado.

Tagore, Rabindranath (1986), "Cooperation", in *Vers L'Homme Universel*, Paris, Gallimard.

Taylor, Michael (1987), *The Possibility of cooperation*, Cambridge, Cambridge University Press.

Thornes, Robin (1988), "Change and Continuity in the Development of Co-operation, 1827-1844", in *New Views of Co-operation*, Londres, Routledge.

Torres y Torres Lara, Carlos (1983), *Cooperativismo – el modelo alternativo*, Lima, Universidad de Lima.

Totomianz, V. (1938), *Manual do Cooperativista*, Porto, Imprensa Social.

Trezzi, Luigi (1982), *Sindicalismo e Cooperazione Dalla Fine Dell'Ottocento All'Avento del Fascismo*, Milão, Franco Angeli.

Tse-Tung, Mao (1973), "Sobre o Problema da Cooperação Agrícola", in *Cooperativismo e Socialismo*, Coimbra, Centelha.

Tweddel, J. (1909), "La Représentation Coopérative au Parlement", in *Coopération et Socialisme en Angleterre*, Paris, Librairie des Sciences Économiques et Sociales Marcel Rivière.

Vandervelde, Émile (1913), *La Coopération Neutre et la Coopération Socialiste*, Paris, Librairie Félix Alcan.

Verdier, R. (1973), *Quelques Jalons de l'Histoire Coopérative*, Genebra, OIT.

Vieira, Alexandre (1970), *Para a história do sindicalismo em Portugal*, Lisboa, Seara Nova.

Vienney, Claude (1980), *Socio-Économie des Organisations Coopératives*, Paris, C.I.E.M..

Vroutsh, [Colectivo] (1977), *Cooperativas: socialismo ou regressão?*, Coimbra, Centelha.

Watkins, William Pascoe (1971), *L'Alliance Coopérative Internationale – 1970*, Londres, ACI.

– (1977), *El Movimiento Cooperativo International*, Buenos Aires, Intercoop.

– (1986), *Co-operative Principles – Today & Tomorrow*, Manchester, Holyoake Books.

Zangheri, Renato (1987), "Nascita e primi sviluppi", in *Storia del movimento cooperativo in Italia*, Turim, Giulio Einaudi editore.

ÍNDICE

APRESENTAÇÃO ... 5

CAPÍTULO 1 - INTRODUÇÃO ... 7

CAPÍTULO 2 - COOPERAÇÃO - GÉNESE E DESENVOLVIMENTO ... 13

CAPÍTULO 3 - ORIGEM E NATUREZA DO MOVIMENTO COOPERATIVO ... 31

CAPÍTULO 4 - EVOLUÇÃO COOPERATIVA E MOVIMENTO OPERÁRIO ... 77
4.1. Panorama internacional ... 77
4.2. Inglaterra ... 85
4.3. França ... 91
4.4. Bélgica ... 107
4.5. Itália ... 114
4.6. Alemanha ... 124
4.7. Portugal ... 136
4.8. As décadas posteriores ... 140

CAPÍTULO 5 - CONCLUSÃO ... 149

BIBLIOGRAFIA ... 157
ÍNDICE ... 165